AF186111

Kontaktadresse nach EU-Produktsicherheitsverordnung:
produktsicherheit@fischer-sauerlaender.de

Lilly Axster, 1963 in Düsseldorf geboren, studierte Theaterwissenschaft und Genderforschung. Sie arbeitet als freie Autorin und Regisseurin in Wien. Lilly Axster hat über 20 Theaterstücke und Kinderbücher verfasst, für die sie u. a. mehrfach mit dem Österreichischen Kinderbuchpreis ausgezeichnet wurde.

Weitere Informationen zum Kinder- und Jugendbuchprogramm der S. Fischer Verlage finden sich auf www.fischerverlage.de

LILLY AXSTER

ATALANTA LÄUFER_in

FISCHER Taschenbuch

Für die Verwendung in der Schule steht unter www.fischerverlage.
de/service/lehrer ein Unterrichtsmodell zu diesem Buch
zum kostenlosen Download zur Verfügung.

2. Auflage

2024, Fischer Sauerländer GmbH,
Hedderichstr. 114, 60596 Frankfurt am Main

Lizenzausgabe mit freundlicher Genehmigung
des Zaglossus Verlags, Wien

© Zaglossus e. U., Wien, 2014
Die Rechte für das gleichnamige Theaterstück liegen
beim Verlag der Autoren, Frankfurt am Main

Die Nutzung unserer Werke für Text- und
Data-Mining im Sinne von § 44b UrhG
behalten wir uns explizit vor.
Printed in Germany
ISBN 978-3-7335-0440-3

ICH war nicht zu halten, lief den anderen davon, ein Rauschen in den Ohren, das Stadion tobte, durchbrochene Schallmauer der Geschwindigkeit, 100 Meter, Gold für mich, für Lan, den Läufer. Alle schauten auf mich in meinem gelben Trikot, der schwarzen Laufhose, den markenlosen, schwarzen Schuhen, dem gelben Stirnband über den kurzen, dunklen Haaren. Unter den Blicken der Menschen und Kameras kam ich mir klein vor, obwohl ich soeben über mich selbst hinausgewachsen war, der schnellste Mensch der Welt.

Im Glückstaumel noch eine Runde für das Publikum, gefolgt von dem zweit- und dem drittschnellsten Läufer. Mein Körper lief wie ferngesteuert, eins zwei, eins zwei, eins zwei drei vier fünf sechs sieben acht zehn zwölf vierzehn sechzehn achtzehn zwanzig sechzig hundert tausend, Kopf hoch, Blick in die Ränge, die Kiefer locker lassen, links rechts links rechts ... Dann warf ich meine Trainingsjacke in die klatschende Menge, Gejohle, Kreischen, etwas flog zu Boden, klein, weiß, aus meiner Trainingsjackentasche, später würde ich meinen Lippenbalsamstift auf der Laufbahn suchen, ich ließ mich tragen von den Wogen der Begeisterung, um endlich, endlich dort zu sein, wo ich so sehnlichst sein wollte, ganz oben auf dem Podest. Menschen auf den Tribünen standen von ihren Sitzen auf, klatschten für mich, die Startnummer 9 mit dem knappen Namen Lan. Angetreten für Eiland. Mir wurde die Goldmedaille umgehängt. Sie fühlte sich dort richtig an, am langen Band neben meinem Glücksbringer, der, bunt gestreift, ebenfalls um meinen Hals hing. Ich schüttelte Hände, winkte nach allen Seiten, schüttelte noch einmal Hände links und rechts, legte den Kopf in den Nacken und schaute in den Himmel über dem Stadion. Ich stand auf dem Podest, am Ziel meiner Träume. Ich fühlte mich wie neugeboren, das Leben lag vor mir, ewig wollte ich dort stehen.

Doch etwas Merkwürdiges geschah. Der Silbermedaillengewinner stupste mich kurz an und steckte mir etwas in die Hand, klein, weiß. Er musste es aufgehoben haben bei unserer Extrarunde durch das Stadion, ich dankte kurz, dann erst begriff ich, klein, weiß, aber nicht mein Lippenfettstift. Sondern ein Tampon, Größe „normal", Marke „o.b.". Ich spürte plötzlich meine Füße nicht mehr, die standen rechts links irgendwo am Ende der Beine, als gehörten sie nicht zu mir. Ich verlor die Orientierung, wusste nicht mehr, wo oben und wo unten war, hinten oder vorne. Mir wurde schwindlig und ich musste mich festhalten an dem, der am nächsten bei mir stand, T. G. Milés, zweiter Platz, Weltrekordhalter und bekannt unter seinem Läufernamen Miles.

Wahrscheinlich waren es nur Bruchteile von Sekunden, mir kamen sie vor wie Stunden, bis ich wieder klar sehen konnte und festen Boden unter den Füßen spürte. Alles war wie vorher, Beifall von den Rängen für die drei schnellsten Läufer der Welt. Gerade als ich meine Fassung gänzlich wiedergewonnen hatte, griff mir Miles in einer spontanen Umarmung mit der linken Hand auf die Brust und mit der rechten zwischen die Beine. Von Weitem mochte es so ausgesehen haben, als würde er mich beglückwünschen oder freundschaftlich mit mir balgen, etwas unbeholfen zwar, schließlich reichte er, auf dem unteren Podest stehend, mir nur bis zu den Schultern, aber doch. Dann ließ er so schnell von mir ab, wie er mich angegriffen hatte, und klopfte mir publikumswirksam auf die Schulter. Ohne zu überlegen, sprang ich aus dem Stand mit angezogenen Beinen vom oberen Podest wie ein menschliches Geschoss gegen seinen Oberkörper. Die Silbermedaille flog im hohen Bogen ins Gras und der zweitschnellste Mann der Welt, mit der Startnummer 4, ging zu Boden. Ich auch, ich stand aber sofort wieder auf den Füßen, nutzte den Tumult aus und lief davon, aus dem Stadion, in dem ich gefeiert wurde, hinaus. Kurz danach war das Podest vermutlich von Sicherheitsleuten umringt, der Silbermedaillengewinner von Erste-Hilfe-Leistenden versorgt und das ganze Stadion in heller Aufregung. Aber da war ich längst weg.

ICH lief, das Stadion hatte ich hinter mir gelassen, durch die Stadt Richtung Hauptbahnhof, immer den Schildern nach, über belebte Plätze, durch Einkaufsstraßen, und blieb nicht stehen. Menschen schauten mir nach, niemand rannte so schnell durch eine Stadt. Mit einer Startnummer. Vielleicht meinten Leute, die gerade eben noch vor Bildschirmen gesessen hatten, mich wiederzuerkennen, aber bevor sie reagieren konnten, war ich schon vorbei. Ich erreichte den Bahnhof, verglich die angekündigte Abfahrtszeit des nächsten Zuges, egal wohin, mit der Uhr in der Bahnhofshalle, noch zwei Minuten bis zur Abfahrt auf Gleis 7. Ich lief durch die Unterführung, die Treppe hinauf auf den Bahnsteig, in die erste offene Zugtür hinein, hoffend, dass der Schaffner, einige Türen weiter mit Reisenden redend, mich nicht gesehen hatte. An drei Abteilen vorbei, in denen Leute saßen, das vierte war frei. Ich schob mich unter die rechte Bank. Eine Durchsage noch, dann fuhr der Zug los. Im Halbdunkel liegen bleiben, im Rücken spürte ich eine Flasche, gegenüber unter der anderen Bank sah ich Keksschachteln und ein Taschentuch. Flach atmen, soweit möglich nach dem Spurt vom Stadion hierher. Ein Taxi hatte ich erwogen, aber bei der ersten Radioansage über die Geschehnisse im Stadion wäre ich womöglich in Verlegenheit gekommen. Außerdem hatte ich kein Geld, keine Tasche, nichts dabei. Ewig schien es zu dauern, bis der Schaffner kam. Da niemand in meinem Abteil saß, ging er vorbei. Dass er es war, hörte ich an der Art, wie er andere Abteiltüren öffnete und den immer gleichen Satz sagte.

Es war seit Wochen, wenn nicht Monaten, der erste Moment von Stillstand. Ich lag einfach nur da, im Dreck, und tat sonst nichts. Mein Körper im Ruhezustand. Nur die Gedanken ließen sich nicht abstellen. Ich hatte den Tampon in meiner Trainingsjackentasche vergessen. Kein einziges Mal in den fünf Jahren, seit ich die Regel hatte, war mir das passiert. Ich verwahrte Tampons in einem kleinen Etui auf, das ich in einem separaten Reißverschlussfach meiner Sporttasche verstaute. Das Verheimlichen meiner Regel im Internat und auch sonst beim Training war Routine gewesen, ich hatte keinen Gedanken mehr daran verschwendet. Und dann das. Ein einzelner Tampon lose in meiner Trainingsjackentasche. Kurz vor dem Lauf war meine Trainerin in den Umkleideraum gekommen. Das hatte sie sonst nie getan. Ich war gerade dabei gewesen, die Zellophanhülle von dem Tampon abzuziehen, als sie hereinkam. Ohne anzuklopfen. Ich steckte den Tampon in die rechte Jackentasche, nicht wissend, ob sie das kleine weiße Ding noch gesehen hatte. Sie entschuldigte sich und verließ den Umkleideraum wieder, ich hatte nicht einladend gewirkt. War durcheinander. Und ging an den Start. Wie hatte ich vergessen können, den Tampon noch einzusetzen. Ich fuhr mit der rechten Hand in die Unterhose zwischen meine Schamlippen und suchte auf den Fingern nach Spuren der Regel, konnte aber unter der Bank nicht genug sehen. Dann tastete ich den Stoffwulst ab, der in meine Unterhose eingenäht war. Optisch die Andeutung eines Penis unter der eng anliegenden Laufhose, aber dem Griff von Miles an meine „Eier" hatte die Attrappe nicht standgehalten. Dessen war ich mir sicher.

Wieso war meine Trainerin vor dem Lauf zu mir gekommen, was hatte sie gewollt. Sie war nie eine gewesen, die vor dem Wettkampf auf mich eingeredet, mir Tipps gegeben oder mich psychologisch eingestimmt hätte. Was hatte sie mir sagen wollen. Die Abteiltür wurde geöffnet, ich sah drei Paar Füße, die hin und her traten, bis alles Gepäck verstaut war. Dann setzten sich die Körper, zu denen die Beine gehörten, hin. Nicht hör-, spür- und sichtbar sein, Luft, niemand. Wenn ich den Reisenden nicht zuhörte, wäre ich nicht da. Alter Trick, aber er funktionierte. Auf einmal sah ich kurze Beine baumeln, zum Angreifen, wenn ich den Arm ausstreckte. Kurze Beine mit kleinen Füßen in weiß-blau gestreiften festen Schuhen. Dieses Kind musste zuvor getragen worden sein und auf einem Schoß gesessen haben. Dieses Kind saß jetzt selbst auf einem Sitz, dieses Kind war das vierte Paar Füße, dieses Kind turnte herum, schaute jeden Moment unter die Bänke. Ich musste hier raus, und zwar an der nächsten Station, bevor das Kind mich auf freier Fahrt ohne Fluchtmöglichkeit entdeckte. Als der Zug das nächste Mal hielt, quetschte ich mich unter der Bank hervor und durch die Beine der Sitzenden, blickte in fassungslose Gesichter, stand blitzschnell auf, war mit einem Satz aus dem Abteil draußen, lief den Gang entlang, sprang aus der offenen Zugtür und lief die nächste Treppe hinunter. Niemand rief nach mir, niemand hielt mich zurück. Ich ging im Bahnhofsgebäude den WC-Zeichen nach, das eine mit einer Figur im Rock mit Zöpfen, das andere mit einer Figur in Hose und breitbeinig. Jetzt war nicht der Zeitpunkt, darüber nachzudenken, welches das richtige für mich war. Ich musste nachschauen, ob meine Hosen rote Flecken hatten. Vor beiden WCs war eine Sperre. Ich stand ratlos davor, hatte kein Geld. Als ein älterer Mann kam und eine Münze einwarf, schob ich mich so dicht wie möglich hinter ihn.

Er ging aufreibend langsam durch die Sperre, ich konnte nicht anders, als ihn zu schubsen, um nicht von den Gummirändern der beiden automatischen Türenteile eingequetscht zu werden. Der Mann stolperte, griff nach einem Halt, aber ins Leere, fiel. Reflexartig quasselte ich auf ihn, der auf dem Bauch am Boden lag, ein: … 11 … 12 … 33 … probieren sie … sich nicht aus … und hintereinander zu reihen … sie sind doch nicht tot eingeknickt … und bewusst und los … oder … aber … alles stellt sich auf den kopf über … 3 … 2 … plüsch plastik papagei … 3 … 4 … 29 … 7 … 8 … 11 …

Ich ließ ihn liegen, riss die Klotür mit der Rockfigur auf und schloss ab. Nicht bewegen. Mich nicht rühren. Es nicht gewesen sein. Ich hörte Schimpfen, nichts sonst. Keine Flecken in der Hose, die Regel musste ausgesetzt haben. Erleichtert riss ich Papier von der großen Rolle und stopfte es mir in die Unterhose, für alle Fälle. Ich spülte pro forma, öffnete die Tür. Niemand lag mehr auf dem Boden. Das andere WC war besetzt. Leises Fluchen. Die Sperre öffnete sich in die andere Richtung von allein. In der Bahnhofshalle roch es nach Pizza.

Ich lief wie ein Uhrwerk, lief aus der Kleinstadt hinaus, in die mich der Zug gebracht hatte, ließ die letzten Häuser hinter mir, lief durch Wiesen und Felder, die Sonne stand schon tief. Irgendwann ließ ich mich ins Gras fallen, verlangsamte den Atem, fuhr den Puls herunter. Ich lag in einer Wiese in einem Landstrich in Festland, Stunden und Kilometer entfernt vom Stadion, von der Hauptstadt, aber mir war, als sei ich keinen Meter weit gekommen. Ich war so schnell gelaufen wie noch nie ein anderer Mensch vor mir, ich war von einem auf den anderen Augenblick weltberühmt geworden, ich war überglücklich gewesen und ich war weggelaufen vor meinem größten Konkurrenten, der hingegriffen hatte, wo niemand mich hätte anfassen sollen. Was würde geschehen mit seinem Wissen darum, dass ich nicht der war, für den ich gehalten wurde. Mit seinem Wissen darum, dass ich Busen hatte, nicht Glied, nicht Hoden, sondern einen Platzhalter aus Watte und Stoff, und Tampons verwendete. Ich würde niemand erklären können, wieso ich aus dem Stadion davongelaufen war, wieso ich den Zweitplatzierten zu Boden geworfen hatte, wieso alles so war, wie es war. Ich lag im hohen Gras und stellte mir vor, wie Kurzmeldungen an Agenturen gesendet wurden, mit erfundenen Details über meine rätselhafte Flucht. Wie ich als unbeherrscht, womöglich gewalttätig, in die Geschichte der Leichtathletik eingehen würde. Alles würde sich um mich drehen. Aber ich, ich war allein. Meine Trainerin war jetzt eine Goldmacherin. Ich konnte mir ausrechnen, dass die Medien ihr hohe Beträge für Interviews boten, aber ich wusste, sie würde alle Angebote ausschlagen. Sie würde schweigen. Ganz kurz noch war ich ihrem Blick begegnet, bevor ich aus dem Stadion davonlief. Einem fragenden Blick, verwirrt. Wie oft schon hatte sie mich so angesehen. Nie hatte sie nachgefragt, nie gebohrt. Dafür verehrte ich sie. Und ich wusste, selbst wenn sie in dem Moment im Umkleideraum den Tampon erkannt hatte, und mich als Läuferin, würde sie mich weiter trainieren und keine andere sein als die ehemalige Schwimmlehrerin des Sportinternats, wie zu dem Zeitpunkt, als unsere Wege sich gekreuzt hatten. Sie fehlte mir. Sie würde auf mich warten, in unserem Hotel in der Anlage, die eigens für die Spiele und die Unterbringung der Sportler und Sportlerinnen gebaut worden war. Und wenn mein Kopf alles geordnet hätte, bald, und die Aufmerksamkeit der Sportwelt längst auf anderen Wettbewerben läge, würden meine Trainerin und ich durch die Stadt spazieren und die Taktik für den 200-Meter-Lauf besprechen.

Meine Eltern würden gesucht werden. Niemand hier wusste, dass mein Herkunftsland nicht Eiland war und also auch meine Eltern nicht dort zu finden waren. Falls sie überhaupt noch zu finden waren, falls sie noch lebten. Falls sie überhaupt je gelebt hatten. Meine Eltern. Die großen Unbekannten, die Leerstellen, das Fragezeichen. Aber irgendwoher musste ich ja gekommen sein. Ich hatte nicht gewollt, dass all das wieder in meinen Kopf kam. Und jetzt war es da. Ausgelöst durch ein kleines weißes Ding, das ich in der Tasche meiner Trainingsjacke vergessen hatte. Wieso war nicht mein Lippenbalsamstift herausgefallen. Wieso nicht einfach nur mein Lippenbalsam.

Wie ATA fortläuft und niemand sie zurückhält

Ata sitzt auf der großen Truhe, an die Wand gelehnt, schließt die Augen und zählt leise. Sie kann noch nicht richtig zählen, aber sie zählt, um nicht zu hören, wie die Eltern streiten. Die Zahlen bekommen ein Eigenleben, immer neue Kombinationen und Reihenfolgen lassen die aufgebrachten Stimmen in den Hintergrund treten. Je länger Ata zählt, desto mehr klingt es für sie, als ob die Eltern ein interessantes Gespräch miteinander führen. ... 12 ... 37 ... 4 ... 4 ... 1 ... 18 ... 50 ... 50 ...

Aber heute hilft auch das Zählen nicht.

... du findest ja, es muss ein fell sein statt einer kuscheldecke ... du hast angefangen ... kein kleinkind sonst hat ein nuckelfell ... beim verabschieden und winken ata ata zu sagen ... und jetzt nennt sie sich selber so ... ata ... kein kind heißt so ... ata ata ... was sollen die leute denken ... was das sein soll ... was ata sein soll ... was weiß ich ... so heißt höchstens ein papagei ... wie du ...

immer das letzte wort haben ... ich wollte nie ein kind mit dir ...
ata ata ... diese wollmütze ... mädchen nennst du das ... wenn
du anders wärst ... wenn ich könnte ... würde ich ... du würdest
dich wundern ... was ich würde ... du würdest nie ... weil du nicht
einmal weißt, was du würdest ... sie soll wissen, wer sie ist ... alles
wäre besser ... und stolz sein ... aber du ... wie konnte ich jemals
denken ... ata ata ... dass ich mit dir leben könnte ... leben nennst
du das ...

Seit Ata kein Baby mehr ist, sondern ein Kleinkind, geht das so,
pausenlos, endlos, nicht einmal die Stimmen sind mehr zu unterscheiden, so oft fallen die Eltern einander ins Wort oder reden
gleichzeitig. Wenn sich nur ein Loch im Küchenboden auftäte. Ata
rutscht von der Truhe und hebt mit beiden Händen den Deckel
hoch. Sie liebt den Geruch und die Farben der Gewürze, die in
großen Säcken in der Truhe gelagert sind. Sie klettert über den
Rand in die geräumige Truhe hinein. Zwischen den Baumwollsä-
cken mit Paprikapulver, getrockneten Chilischoten, Kardamom,
Zimt, Kurkuma, Curry und Bohnen ist eine freie Stelle. Ata setzt
sich in die Lücke auf den leeren Reissack, nur ihre Mütze ragt über
den Rand der Truhe hinaus. Ihre Finger spielen mit übrigen Reis-
körnern. ... zeig mir ein kind, das sich in eine truhe setzt ... wenn
du nicht so wärst ... und du ... würde sie am tisch sitzen ... diese
mütze ... sag ihr ... nie wird sie ... sie soll die mütze ausziehen ...
nie ...

... 74 ... 75 ... 79 ... 60 ... 16 ... 8 ... 8 ...

... hörst du das ... ich höre nichts ... natürlich hörst du ... schon
wieder ... zahlen ... du hörst nicht zu ... du hörst nie zu ... andere
kinder in dem alter ... keine worte ...

Ata fühlt sich schuldig und will weitere Streitereien verhindern. Sie klettert aus der Truhe und läuft zu dem Platz, an dem sie

schläft, packt ihre Papageien, einer ist aus blauem Plüsch, einer aus mehrfarbigem Plastik, in ihr Nuckelfell. Einen Moment hält sie noch inne, hört die Eltern den Deckel der Truhe schließen. Ata Ata Zimtgeruch, Kurkuma-Gelb und Paprika-Rot. Sie läuft hinaus. Niemand ruft nach ihr, niemand hält sie zurück. Quer durch die vom Regen leergefegten Straßen läuft Ata bis zum Hafen. Fast täglich geht sie mit der Mutter oder dem Vater, nie mit beiden gemeinsam, hierher. Der Weg ist weit, aber Ata kennt jede Abkürzung. Niemand auf den nassen Straßen nimmt Notiz von ihr. Am Hafen angelangt, geht sie unter zwei Schranken hindurch, ohne dass sie sich bücken muss, läuft weiter an lang gestreckten Hafengebäuden und riesigen Lagerhallen vorbei, bis sie zum Kai kommt. Dort setzt sie sich auf leere Kisten zwischen zwei alte Ölfässer, die als Mülleimer dienen. Es fühlt sich anders an als sonst, der Horizont ist nicht derselbe und die Schiffe sind größer. Nur hier, wenn sie mit der Mutter oder dem Vater über das Wasser schaut, fragen sie nicht, warum sie zählt und nicht spricht, warum sie die Mütze trägt und warum sie sich selbst Ata nennt.

„Saurier" verladen Container auf ein Frachtschiff. Ata friert. Die Eltern werden ungehalten sein, dass sie Sandalen statt der festen Schuhe trägt. Und keine Jacke. Wieder alles falsch.

Es dauert eine gefühlte Ewigkeit, bis jemand kommt. Aber es sind nicht die Eltern. Eine Gruppe von Männern in Arbeitsanzügen steuert in Atas Richtung. Sie streift die Sandalen ab und klettert über die Kisten in eines der Müllfässer. Sie versucht, inmitten von Plastikflaschen, Zigarettenstummeln und Imbissresten keinen Mucks zu machen. Ihr Plüschpapagei hängt auf dem Rand des Fasses, der Plastikpapagei, dem ein Fuß fehlt, liegt zwischen den Kisten im Nassen. Ein Kaugummi landet dicht neben Ata, als die Männer vorbeigehen. Kurz danach läuft sie, mit Nuckeldecke und Papageien unter dem Arm, in einigem Abstand hinter der Gruppe her, bis zur Gangway und auch, immer in genügend Abstand, hinauf an Bord, unbemerkt. Vielleicht ist sie schlicht zu klein, vielleicht sind alle zu beschäftigt, vielleicht regnet es zu stark. Die Männer gehen Richtung Bug. Ata stolpert über eine geöffnete Klappe, an der eine eiserne Leiter befestigt ist, die in einen Laderaum führt. Sie klettert die Leiter hinunter. Die Sprossen fühlen sich kalt an unter den nackten Füßen, sie hat in der Eile die Sandalen vergessen. ... immer will das kind barfuß gehen ... selbst im regen ... Im Laderaum unten schlüpft sie zwischen großen Reihen von Kartons hindurch, dem Vorrat an Lebensmitteln für die Schiffsküche. Sie hört die „Saurier" surren und dröhnen und das Rufen der Lader. Niemand kommt hier herunter. Irgendwann wird die Klappe zugemacht. Ata ruft nicht, bewegt sich nicht, sieht nichts mehr. Sie zählt, das beruhigt, ... 17 ... 12 ... 3 ... 4 ... 18 ... 3 ... 7 ... 68 ... 20 ... 30 ... 41 ... 7 ...

Das Frachtschiff legt ab. Als das Schiff aufs offene Meer fährt, steht Ata auf, tastet sich an den Kartonreihen entlang, sucht die Leiter. Aber die ist nicht mehr da. Hängt unterhalb der Klappe. Ata wartet wie ein regungsloses Frachtstück. Möchte wieder zählen, aber ihr fallen keine Zahlen ein, nicht eine einzige. Ein unbekannter Zustand. Sie vermisst die Sandalen, ihre Lieblingsschuhe ... immer schuhe ausziehen, wenn du irgendwo hinaufkletterst ... Die Eltern werden die Sandalen finden und dann wissen, wo ihr Kind ist, und sie werden mit ihr über das Meer fahren an einen Ort, wo sie nicht mehr streiten. Gut, dass die Sandalen, Größe 25, braun mit breiten weißen Riemen, dort stehen, im Regen, zwischen zwei Müllfässern unweit der Kaimauer.

ES war noch in derselben Nacht, dass die ersten Stellungnahmen von eiländischen Politiker_innen und Repräsentant_innen über die Fernsehbildschirme und Computermonitore liefen. Man freue sich. Man sei außer sich. Voller Stolz wolle man gratulieren zu. Man habe immer schon gewusst, dass. Man beginne mit dem heutigen Tag, an Wunder. Man sei voller Dank für und aus dem Häuschen. Niemand könne sich vorstellen, was jetzt auf Eiland. Man werde dem Gewinner einen unvergesslichen Empfang. Nun wisse die Welt, was Eiland. Es sei unfassbar, wie. Man wolle alles Menschenmögliche tun, um. Nein, man habe den Läufer nicht wirklich näher. Aber das werde von nun an. Und ohne den sagenhaften Erfolg für sich verbuchen zu wollen, müsse man doch. Der heimische Sportverband habe und werde. Und vom Stoff, aus dem die Märchen.

Lan hatte das Unmögliche möglich gemacht, die Weltbestzeit der Läufer über 100 Meter so weit unterboten, wie es niemand für möglich gehalten hätte. Neubewertung von Körpern und Geschwindigkeit. Über jeden Dopingverdacht erhaben, waren doch die Kontrollen scharf wie nie gewesen, hatte dieser Läufer Sportgeschichte geschrieben.

MILES, der Silbermedaillengewinner, bisheriger Weltrekordhalter, Werbeträger des großen Sportartikelkonzerns Meils.com, hatte nach dem Eklat auf dem Podest jedes Interview abgelehnt und ließ noch vor Ort im Stadion über einen Sprecher der Firma Folgendes erklären: Miles wisse auch nicht, was den Gegner zum Angriff auf ihn und zur Flucht aus dem Stadion veranlasst haben könnte, Miles selbst sei hinter seinen läuferischen Möglichkeiten zurückgeblieben, Miles wolle die sagenhafte Bestzeit des Rivalen derzeit nicht kommentieren. Aber. Dieser Lauf werde Folgen haben. Miles traue sich, zu sagen, dass kein Stein auf dem anderen bleiben werde. Und. Mit Miles sei zu rechnen. Miles lasse sich das nicht gefallen, Miles lasse sich in keiner Hinsicht vom Podest stoßen. Die Häufigkeit, mit der der Sprecher den Namen Miles erwähnte, war Teil der Werbelinie von Meils.com und viel wert.

Auf Miles selbst warteten vor seinem Umkleideraum Mikrofone mit bunten Hütchen, und Kameras. Sie hielten drauf auf den Zweiten, groß gewachsen, 24 Jahre alt, weißer Trainingsanzug. Er lächelte nicht. Er sagte nicht, was er wusste. Konnte nicht fassen, was er mit Gewalt herausgefunden hatte. Solange er denken konnte, hatte eine Läuferin noch nie die Weltbestzeit eines Läufers unterboten. Es gab Tests, mit denen sichergestellt wurde, dass kein Mann als Frau antrat, aber umgekehrt wurde das nicht überprüft. Wieso auch sollte eine Läuferin unter Läufern starten wollen. Hatte denn niemand das kleine weiße Ding erkannt. Miles musste die Öffentlichkeit über diesen Betrug informieren. Gleichzeitig würde er damit eingestehen, dass eine Läuferin ihm und allen anderen Läufern davongelaufen war. Er spürte einen stechenden Kopfschmerz aufkommen. Als ein Journalist eine Frage stellte, in der drei Mal der Name Lan fiel, nahm Miles, ohne die Übersetzung der Frage abzuwarten, das Handtuch, das er seitlich im Bund der Trainingshose festgesteckt hatte, und wickelte es um das Mikrofon des Journalisten. Der fuhr ihn an. Miles verpasste dem eingepackten Mikrofon einen Schlag mit der flachen Hand. Er musste hier weg, bevor er die Kontrolle gänzlich verlor. Er wollte es dem Journalisten, diesem bleichen Sensationsverwalter, nicht gönnen, genussvoll zwei Athleten gegeneinander auszuspielen, von denen er vermutlich einen, Lan, zum Außerirdischen, zur Naturgewalt erklärte, und den anderen, ihn selbst, Miles, bestenfalls mit so etwas wie Mitleid betrachtete. Überhöhung und Verachtung. Nichts dazwischen. Nicht mit ihm. Er kämpfte sich durch die Medienleute in die Garderobe und schloss die Tür von innen ab. Unter der Dusche ließ er sich das heiße Wasser über den dröhnenden Kopf laufen, schloss die Augen und fuhr mit den Händen über seine Brust. Flach, muskulös. Dann griff er sich zwischen die Beine. Der Vergleich machte ihn noch sicherer. Penis, Hoden, alles da, was einen Menschen zum Mann machte, oder zu dem, was er sich unter einem Mann vorstellte. Er wechselte von heißem Wasser auf „Kalt" und wieder zurück, und dann noch einmal. Hoffte, so einen klaren Kopf zu bekommen und den Schmerz zu betäuben. Aber der pochte nur noch heftiger. Als er fertig geduscht hatte, fiel ihm ein, dass sein Handtuch um das Mikrofon gewickelt war. Er trocknete sich nicht ab, blieb stattdessen auf der Bank in der Garderobe sitzen. Das Duschwasser auf seinem erschöpften Körper würde bald getrocknet sein.

Wie ATA in die Schiffskabine mit dem Packpapier einzieht und ihr richtiger Name ausgedruckt wird

Ata springt auf, als ein dünner Lichtstrahl in den Laderaum fällt. Jemand kommt die Leiter herunter, Schritte nähern sich. Das unruhige Licht einer Taschenlampe wirft zuckende Blitze in die schmalen Gänge zwischen den Kartonreihen. Ata hält die Luft an. Sie hat Hunger, sie hat Durst, ihre Lippen sind trocken, jeder Muskel ist angespannt. Sie flitzt los Richtung Leiter. Die Schritte hinterher. Als das Licht sie auf der siebten Leiterstufe trifft, springt sie. Mit angezogenen Beinen, wie ein Paket. Springt die Person mit der Taschenlampe an, die Person stöhnt auf, strauchelt, fällt hin, die Lampe hinterher, dunkel. ~ ~ ~ ~ ~ Ein Fluch in einer Sprache, die Ata nicht versteht. Sie selbst ist auch auf dem Boden gelandet. Dann greift die Person nach ihr, kriegt sie zu fassen, zieht ihr die Mütze vom Kopf, zerrt an ihrem Arm, greift ihr in die Haare. Ata kann nichts erkennen, die Dunkelheit wird noch dunkler. Dann ist es still. Mit einem Mal, ganz still.

Als sie aufwacht, liegt sie in einer Kabine auf dem Bett. Langsam öffnet sie die Augen, die das Neonlicht nur nach und nach hereinlassen. Jemand gibt ihr zu trinken. Jemand gibt ihr zu essen. Jemand legt eine Decke über sie. Wärme fließt in den kleinen Körper hinein. Dann taucht sie wieder ab in den Schlaf und ein heftiges Fieber. Niemand auf dem Frachtschiff weiß, wohin dieses Kind gehört oder wann es an Bord gekommen ist.

Irgendwann steht das Kind auf und ist fortan mit einer Selbstverständlichkeit da, als sei es regulär an Bord gegangen. Es hat trotz kühler Witterung die Hosenbeine aufgekrempelt. Das verwaschene T-Shirt ist sorgfältig in den Bund gesteckt, der Gürtel viel zu eng geschnallt. Dazu trägt das Kind eine Jacke, deren Ärmel mehrfach umgekrempelt sind und die fast bis zu den Knien reicht, etwas zu große, hellgrüne Sandalen, ganz neu, die ein Ingenieur als Geschenk für sein Patenkind gekauft, aber dem Kind ohne Schuhe fürs Erste ausgeliehen hat. Zufällig passen die Sandalen zum grünen Bündchen des T-Shirts. Feste Schuhe in Größe 25 gibt es nicht an Bord, aber dicke Socken, die in die zu großen Sandalen passen. Dieses Kind spricht nicht, kein Wort, es bewegt sich an Bord, als hätte es nie auf festem Boden gestanden, dieses Kind liebt den Geruch von Maschinenöl, von nassen Tauen und Fisch, von Pofpof, ausgebackenen Weizenhefebällchen, die es wegen des süßen Geschmacks, des eingängigen Namens und der angenehmen Flaumigkeit in großer Anzahl verschlingt, dieses Kind ist noch nicht einmal vier, auffallend lässig für das Alter, trägt die Hosen auf der Hüfte, hängt die Daumen in die Gürtelschlaufen. Die Mütze zieht es nur zum Schlafen aus. Von dem Trägerkleid, in dem es an Bord gekommen ist, will es nichts mehr wissen.

Da die Besatzung immer wieder nicht eingeplante Passagier_ innen an Bord aufnimmt und nicht den Einwanderungsbehörden im nächsten Hafen ausliefert, was später den Kapitän seine Position kosten wird, aber das ist eine andere Geschichte, ist das Ergebnis heftiger Diskussionen zwischen Kapitän, Steuerfrau, Offizieren und Ingenieur_innen, das Kind fürs Erste mitfahren zu lassen, bis es spricht und klar wird, wo es herkommt. Eine Kabine, die als Abstellraum für großes Gepäck der Besatzung dient, wird so weit hergerichtet, dass das Kind ein Bett hat und dort schlafen kann. Die Papageien sitzen am Fußende auf der Mütze, das kleine Fell liegt auf dem Kopfkissen, sonst hat dieses Kind nichts mitgebracht. Es schläft unruhig, ganz allein in der Kabine, wacht auf durch jedes noch ungewohnte Geräusch. Von großen braunen Papierbögen, die in einem Schrank lagern und in die einige der hier gelagerten Gepäckstücke eingepackt sind, reißt Ata kleine Streifen ab, um sie in all die Ritzen und Fugen zu klemmen, wo Metallteile aneinanderreiben und ein zermürbendes Klopfen und Knarzen verursachen, das sie aus dem Schlaf auffahren lässt. Sie wird weiter eingekleidet in zusammengeschnittenes Ölzeug und provisorisch gekürzte Hosen und Kapuzenpullover. Einige der Seeleute nennen sie ~ Kleiner Kapitän ~, was ihr ein Gefühl von großer Wichtigkeit gibt. Fortan achtet sie darauf, stets wie aus dem Ei gepellt zum Frühstück zu erscheinen, frisch eingecremt, und in ihren Träumen steuert sie in eine große Zukunft.

Sie denkt nicht mehr an die Sandalen, braun mit weißen Riemen, die im Hafen zwischen den alten Ölfässern gefunden worden sind. Eine Suchaktion ist ergebnislos geblieben, niemand hatte das Kleinkind mit den zwei Papageien gesehen. Das Kind war weg, das Kind war barfuß, die Eltern haben nicht gewusst, was schlimmer war. Das Hafenbecken ist abgesucht worden, jeder Meter zwischen der elterlichen Küche, den großen Mülleimern und den Hafenanlagen, aber kein Zeichen außer den Sandalen, keine Spur, nichts. Nur Regen und Wasserlachen. Dann haben sich die Eltern aufgeteilt. Atas Vater ist nach Hause gegangen, um dort zu sein, falls das Kind käme oder falls Nachrichten einträfen von Menschen, die es gesehen hatten. Die Mutter ist mit der Küstenwache kreuz und quer durch das Hafenbecken gefahren, und dann weiter hinaus. Irgendwo musste das Kind doch sein, sie würde es finden und an Bord nehmen und alles wäre wieder gut.

Die Sandalen sind auf der Polizeistation im Hafen, obwohl sie dort niemand braucht. Sie stehen auf dem Tisch, neben einem brandneuen Drucker, der das Bild des verschwundenen Mädchens ausgedruckt hat. Mit Mütze. Unter dem Foto auf der Suchmeldung steht „Ata" in Klammern, davor ihr richtiger Name.

ICH konnte nichts machen, mich nicht rühren. Wie ein Baby, das die ersten Male probiert, sich zu drehen, versuchte ich, mich hin- und herzuwälzen, um es wenigstens von der Rücken- in die Seitenlage zu schaffen. Aber mein Körper verweigerte sich der selbstverständlichen Beweglich- und Geschmeidigkeit unbedachter Drehungen, abrupter Positionswechsel. Nichts ging. Zum Glück war es warm und die Wiese trocken. Wenigstens die Augen spielten mir keinen Streich. Sahen Himmel, wenn ich sie öffnete, bildeten Muster vor schwarzem Hintergrund, wenn ich sie schloss. Wie immer. Ich sollte entscheiden, was tun, aufbrechen irgendwohin, konkret. Ich blieb liegen. Ich konnte nicht. War erschöpft von dieser unbekannten Bewegungsunfähigkeit. Wenn ich nicht laufen konnte, gab es mich nicht. Meine Lippen waren aufgesprungen, sie taten weh. Wenigstens die Regel hatte im richtigen Moment ausgesetzt. Ich hätte diesen Tampon gar nicht gebraucht. Was tun. Liegen bleiben. Mindestens bis die Spiele vorbei waren, niemand mich mehr suchte. Durchtauchen, überschlafen, ein Teil der Wiese werden. Grün werden. Oder Biene sein, gelb-schwarz, Maja. Fliegen können. Nach Eiland am Meer. Dort im Sand liegen, meinetwegen grau werden wie der Sand. Wieso hatte ich am schnellsten sein wollen von allen. Wofür. Wenn ich jetzt bewegungsunfähig in einer Wiese lag und von einer Zeichentrickbiene träumte. Ich hob den Kopf, langsam, wollte mich aufrichten, es ging nicht. Nur aufgeben ging, liegen bleiben.

MILES war zum Wachsein gezwungen, der Schlaf kam und kam nicht. Er versuchte in seinem Hotelzimmer, auf alle erdenklichen Arten einzuschlafen. Er las, er trank Wein, er nahm ein heißes Bad. Es nützte nichts. Sein Körper war todmüde, seine Gedanken waren hellwach, sie ließen sich nicht abstellen. Die Kopfschmerzen hatten ihn, seit sie gekommen waren, nicht mehr verlassen und mürbe gemacht. Er hatte verschieden starke Schmerztabletten genommen, sie brachten nur wenig Linderung, das Dröhnen im Kopf hörte nicht auf. Zum zigsten Mal stand er auf und ging im Zimmer auf und ab. Er musste handeln. Aber wie. Er nahm die

Silbermedaille, die auf dem Tisch lag, und wischte mit dem Oberteil seines Pyjamas darüber. Er hauchte sie an und polierte sie. Er hängte sich die Medaille um, stellte sich vor den Spiegel, der die gesamte Schranktür einnahm, und schaute sich lange an. Dieses Stück Silber war Millionen wert. Millionen in Form von weiteren Werbeverträgen. Er war reich. Er war der zweitschnellste Mensch der Welt. Wieso also nicht einfach endlich schlafen und dem Körper seine verdiente Ruhe geben. Der Hotelwecker zeigte 3 Uhr 10 an. Miles' Blick wanderte von seinem Spiegelbild zum Fenster und hinaus in die Dunkelheit. Alles still. Keine Autos auf dem Platz, an dem das Hotel lag, inmitten der Anlage für die Teams der Spiele, zu dieser Stunde eine Geisterstadt in der Stadt, kein Laut, nichts. Wenn er an die Öffentlichkeit ginge mit der Erklärung, dass Lan in einem Frauenkörper gelaufen sei, würde ihm niemand Glauben schenken. Und es bliebe dabei, dass er von einer Läuferin besiegt worden war. Und umgestoßen, vom Podest gedrängt, zu Boden geworfen. Undenkbar. Noch immer stand er vor dem Spiegel. Beugte sich etwas vor und ließ die Medaille durch Bewegen des Oberkörpers vor seinem Brustkorb kreisen. Dann legte er sich das Band um die Hüften und ließ die Medaille durch leichtes Kreisen des Beckens vor seinem Geschlecht baumeln. Er wurde erregt. Wollte aber nicht erregt sein. Löste das Band und warf die Medaille auf den runden Teppich vor dem Schrank. Nicht einmal auf den Holzboden warf er sie, nicht einmal einen Kratzer im tadellosen, geölten Parkett riskierte er. Er hasste es, wenn er nicht weiterwusste. Blieb lange vor dem Spiegel stehen, bis die Erregung sich gelegt hatte. Wieder legte er sich ins Bett und schloss die Augen. Er musste an den großen Läufer denken, der eine Läuferin war, der beides war, eine Läuferin und ein Läufer, ein Körper, der am schnellsten von allen 100

Meter verschlang, und Miles wusste, er wollte diesen Körper wieder spüren. Er wollte nur noch das.

Wie ATA die Hydraulik wartet, im Stehen pinkelt und zu sprechen beginnt

Ata ist aus den grünen Sandalen herausgewachsen, aber sie weigert sich beharrlich, sie herzugeben. Sie gehören zu ihr. Bei Nachfragen nach ihrem Namen besteht sie stets auf Ata, das einzige Wort, das sie spricht, und das doppelt, Ata Ata. Auch ihre Papageien sagen immer wieder Ata Ata, Ata Ata, wenn sie mit ihnen spielt, nichts sonst. Kein Kind sonst heißt so und ihre Eltern würden sie finden, wenn sie nur immer Ata Ata hieße, Ata für die Mutter, Ata für den Vater, zweimal Ata.

Mit der Zeit verblasst die Erinnerung an die beiden, die fast täglich darüber gestritten haben, warum das Kind immer alles anders gemacht hat als geplant. Sind eigens ausgewählte Geschichten zum Einschlafen erzählt worden, hat das Kind sich die Ohren zugehalten. Hat es ein neues Kettchen umgehängt bekommen, ist dieses am Fuß eines Papageien aufgetaucht, um ihn irgendwo zu befestigen. War es ihm gelungen, rechtzeitig aufs WC zu gehen, hat es sich nicht auf die Brille gesetzt, sondern im Stehen gepinkelt. Im Spiel mit anderen Kindern auf der Straße hat nach kürzester Zeit eines geweint, weil es von Ata aus Begeisterung oder Bosheit gerempelt, umgestoßen, sogar angesprungen worden und hingefallen war. Beim Essen hat Ata sich nicht an den Tisch gesetzt, sondern auf die Truhe.

An Bord sitzt Ata zu den Mahlzeiten als Erste am Tisch. Wenn sie ein Geschenk bekommt, wird es nicht auf der Stelle

umfunktioniert. Sie hört zu, wenn ihr Geschichten erzählt werden, auch wenn sie die Sprache nicht versteht. Nur pinkeln tut
sie noch ab und an im Stehen. Aber das tun die meisten an Bord.
Ein unkompliziertes Kind, finden alle, nur spricht es nicht. Schon
bald heftet Ata sich dem Ingenieur, der für sein Patenkind längst
ein neues Mitbringsel gefunden hat, an die Fersen. Er ist ein un-
auffälliger Typ, trägt immer eine Weste aus festem Stoff und ge-
wickelte Hosen mit tief hängendem Schritt. Als Ata sich für die
Maschinen interessiert, für die er zuständig ist, zeigt er ihr im oh-
renbetäubenden Lärm des Hauptmaschinenraums, was Zylin-
derköpfe sind, wie die Antriebswelle funktioniert, er zapft mit ihr
Meerwasser aus einem Zulaufrohr der Trinkwasseraufbereitungs-
anlage ab, sie kann im Kontrollraum Schalttafeln bedienen und
von Monitoren ablesen, wie die Maschinen arbeiten, gemeinsam überprüfen sie die Einstellungen der Ventile und warten die
Hydraulik. Sie lernt, wo und wie das Schiff geheizt wird, welche
Werkzeuge für was zu verwenden sind, wo welche Laderäume liegen, wie die Lotsenleiter zu lösen und zu befestigen ist. Sie sieht
Schiffsjungen, Heizer, Schmier- und Reinigungskräfte, Leute, von
denen sie nicht gewusst hat, dass sie auch an Bord sind. Sie schlafen in einem eigenen Teil des Frachters, ganz zuunterst im Schiffs-
bauch, zu mehreren in Kabinen, die kein Fenster haben. Ata versteht nicht, wieso sie nicht manchmal frische Luft schnappen und
den Himmel sehen und weshalb sie nicht mit dem Kapitän, den
Ingenieur_innen, der Steuerfrau und den Offizieren gemeinsam
essen, und es erklärt ihr auch niemand. Nur die Sprache ist für
alle an Bord dieselbe. Sie ist sehr einfach, bedient sich fast nur
des Präsens, unterscheidet nicht zwischen direkter und indirekter
Rede und dient dazu, trotz klarer Hierarchien und verschiedens-
ter sozialer und geografischer Herkünfte die Kommunikation an

Bord zu gewährleisten und Abläufe auf See einfach zu halten. Die Sprache atmet das Auf und Ab des Meeres, was sich geschrieben in Wellenlinien ~ ~ statt Punkten an den Satzenden ausdrückt. Sentimentale Geschichten aus den Herkunftsländern, in den immer zu kurzen Ruhezeiten mit Stolz und Wehmut erzählt, machen aus bescheidenen Wohnungen prachtvolle Häuser, aus Straßen Alleen, aus Essen Festmahlzeiten, Staub wird bunt und jedes Zuhause ein Traum am Meer. Diesen Geschichten unter weitem Himmel könnte Ata ewig lauschen, auch wenn sie sie nicht versteht. Sie wiegt sich im ~ Singsang ~ der Seeleute wie in den kurzen Momenten der Zufriedenheit mit Mutter oder Vater am Hafen, der schon weit entfernt und in Atas Vorstellung nur noch ein winziger Punkt am Horizont ist.

Wenn der Ingenieur Zeit hat, meist in aller Frühe, kurz bevor seine Schicht beginnt und es hell wird, und auch Ata den beginnenden Tag begrüßt, erzählt er ihr beim Frühstück Geschichten, die Leute namens Ovid, Homer und Euripides vor langer Zeit gesammelt und aufgeschrieben haben. Anfangs lauscht Ata einfach der Stimme des Ingenieurs und lässt in ihrer Vorstellung ein eigenes Abenteuer entstehen, aber nach und nach versteht sie die Bedeutung seiner Worte und die Erzählungen. Die „Metamorphosen" des Ovid erzählen in Atas Lieblingsgeschichte von dem Mädchen Atalanta, das von ihrem Vater Iasos im Wald ausgesetzt wird, weil sie nicht so ist, wie er sich sein Kind vorgestellt hat. Zum Glück schickt die Göttin Artemis eine Bärin, die Atalanta säugt und so das Überleben des Kindes sichert. Von der Bärenmilch gestärkt wächst Atalanta heran. Als junge Erwachsene erlegt sie gemeinsam mit Jägern einen wilden Eber und befreit damit eine in Angst und Schrecken vor dem gefährlichen Tier erstarrte Stadt. Die Heldin Atalanta erweckt das Interesse anderer Helden, die um ihre Hand anhalten. Aber sie will nicht heiraten, was in ihrer Zeit schwer durchzusetzen ist. Als Kompromiss stellt sie eine Bedingung. Derjenige, der sie im Wettlauf besiege, solle ihr Mann werden. Tatsächlich ist Atalanta aber nicht nur unerschrocken, sondern sie läuft auch schneller als alle, die gegen sie antreten.

Vielleicht gefällt Ata die Geschichte so gut, weil ihr Name Ata in Atalanta drinsteckt, oder weil auch Atalanta es Iasos, dem Vater, nicht recht machen kann, oder weil der Rausch der Geschwindigkeit faszinierend ist. Atas Papageien haben auch einen Narren an Atalanta gefressen, sie rufen Atalanta! Atalanta! Atalanta! Atalanta! Atalanta! Atalanta! Atalanta! Atalanta!

Endlos, wie Papageien das halt tun. Lauf! ist das nächste Wort, das der Plüschpapagei ruft, Lauf! Atalanta! Lauf! Das lässt sein Plastikkollege nicht lange auf sich sitzen. Ovid! Ovid! Ovid!

So ruft er fortan den Ingenieur. Der Wortschatz der Papageien wächst schnell. Außendeck! Kamin! Lotse! Himmel! Stern! Hafenliegezeit! Salzwasser! Lippenstift! Pofpof! Mütze! Waschmaschine! Maschinenraum! Passierschein! Positionscomputer! Steuerbord voraus! Laufen! Lauf! Lauf! Atalanta! Grün! Sandalen anziehen! Stern! Aua, spröde Lippen! Und so weiter und so fort! Fort! Fort!

Bevor weitere Monate vergangen sind, redet Ata ohne Punkt und Komma in der ~ ozeanischen Sprache ~ Hier und da mischt sie Zahlen unter die Worte, aber den ~ Singsang ~ beherrscht sie, als hätte sie nie etwas anderes gehört und gesprochen. Ihre Papageien sitzen fortan immer öfter zu zweit in der Kabine herum und niemand hört noch, was sie zu sagen haben.

ICH musste eingeschlafen sein, in der lauen Sommernacht auf einer Wiese außerhalb der Kleinstadt, in der ich aus dem Zug ausgestiegen war. Ich wusste weder, wie lang ich geschlafen, noch, ob die Sonne mich geweckt hatte, ein unruhiger Traum oder mein unerträglicher Durst. Es war jedenfalls ein neuer Tag. Und schon heiß, obwohl es noch früh sein musste. Meine Lippen taten weh, mein Fettstift war in meiner Sporttasche in der Garderobe im Stadion. Oder auf einer Polizeiwache. Mit Spucke versuchte ich, die Lippen zu beruhigen, aber sie waren auf Entzug. Ich traute mich kaum, auszuprobieren, ob ich mich wieder bewegen konnte. Zog zunächst ein Knie an. Es ging. Legte die Arme über den Kopf. Es ging. Hob das Becken vom Boden. Es ging. Langsam stand ich auf, traute der Erleichterung und meinem Körper noch nicht. Aber der tat so, als habe er nie gestreikt und mich noch vor ein paar Stunden nicht im Stich gelassen. Wasser. Ich hatte Durst. Nachdem ich einige Zeit durch dichte Wälder gegangen war, hörte ich einen Bach rauschen und stand kurz danach auf einer Lichtung am Wasser. Ich zog mich aus und stieg in den kalten Bach, um ihn auszutrinken, so fühlte es sich an. Als ich, in der Sonne getrocknet, mein gelbes Trikot wieder über den elastischen Verband, der meine Brust abband, zog, wurde mir klar, dass ich so unmöglich unter Leute gehen konnte. Die ganze Welt hatte mich auf Bildschirmen in Schwarz-Gelb gesehen. Wer mich sähe, würde mich erkennen. Wieso sind Sie davon? Warum haben Sie Miles vom Podest? Ist Ihnen klar, dass Sie dafür im Nachhinein disqualifiziert? Interviewfragen würden auf mich einprasseln, und Angebote. Wir wollen für Sie. Wenn Sie für uns. Wären Sie bereit zu. Mir wurde mulmig bei den Gedanken an Kameras, Logos, Sportverbände.

Auf dem Bach schaukelte ein Papierschiffchen vorbei, stieß an Steinen links und rechts an, schaukelte weiter. Es konnte noch nicht weit geschwommen sein. Ich ging flussaufwärts in die Richtung, aus der das Schiffchen gekommen war. Nach nicht allzu langer Zeit hörte ich Stimmen. Fahrräder lehnten zwischen Bäumen, mindestens sieben, und zwei Rollstühle. Ich stellte mich hinter eine Baumgruppe oberhalb des Baches und sah Jugendliche im Bach herumspringen und Papierschiffchen aufs Wasser setzen. Zwei der Jugendlichen trugen einen dritten. Vorsichtig bewegte ich mich auf die Fahrräder und Rollstühle zu, immer im Schatten von Bäumen und Büschen. Verstreut lagen Umhängetaschen herum, Schuhe, Plastikflaschen und Familienpackungen Knabberzeug. Einige Hosen hingen über den Lehnen der Rollstühle. Auf einer großen Kühlbox und um sie herum lagen Anziehsachen. Ich nahm, so viel ich greifen konnte, und verschwand mit dem Kleiderhaufen schnell wieder. Hinter einem breiten Busch zog ich mich hastig um. Die Jeans war zu groß, ich zog sie wieder aus, eine Art Leggings und Turnschuhe passten fürs Erste. Zwei T-Shirts und ein Pullover gefielen mir nicht, zu weit geschnitten, ein Kleid mit Spaghettiträgern fiel aus. Es hätte mich optisch am meisten verändert, aber es schied trotzdem aus. Ein leichtes Oberteil gab es noch, in starken Farben gemustert, verschiedene Rottöne, Türkis, Blau, Lila, Orange, breite und schmale Streifen, waagerecht, senkrecht, Rauten, Punkte, Kästchen, weiße Linien wie gemalt, zwei aufgesetzte Taschen auf der Vorderseite, nicht Hemd, nicht Kleid, etwas dazwischen, an den Seiten auf Hüfthöhe ein Stück weit geschlitzt, kragenlos, am Halsausschnitt mit einer Borte verstärkt. Das wollte ich nehmen. Es würde als Kleid durchgehen und mich als Läufer unkenntlich machen. Eine passende Hose gab es dazu, im selben Muster, Gummizug, halblang. Als Ganzes zu auffällig. Also bei den Leggings bleiben, unifarben blau. Ich hatte mich verloren in den Farben und Mustern des bedruckten Stoffes, als ich lautes Rufen hörte. Einer hatte mich gesehen. Stand nackt im Bach, brüllte und deutete mit ausgestrecktem Arm in meine Richtung. Alle drehten sich um, ein Kreischen setzte ein, nackte Jugendliche spurteten aus dem Bach. Ich verzichtete darauf, ein Paar Boxershorts und zwei dünne Jacken genauer anzusehen, ließ meine gelben und schwarzen Sachen liegen, einen Pullover, zu warm, behielt ein T-Shirt in der Hand und rannte los. Hinter mir hörte ich Schimpfen und Lachen. Schneckenhäuser krachten. Ich konnte nicht fassen, dass ich schon wieder rennen musste. Aber geübt und trittsicher flog ich durch den Wald und vergrößerte den Abstand. Dann hielt ich einen Moment lang inne, stand nur da. Vielleicht einfach warten, eingeholt werden von welchen, die keinen Spitzensport betrieben, keine Medienleute waren, sondern Menschen im Hier und Jetzt. Jugendliche, die ihre Kleider verteidigten. Ganz normal. Ich überlegte, mich zu entschuldigen und einer von ihnen zu werden. Ein Jugendlicher mit Freunden und Freundinnen und Zeit, gemeinsam die Sommertage im Freien zu verbringen. Mich so jung fühlen, wie ich war, achtzehn. ~ Ata braucht andere Jugendliche, um groß zu werden ~ Dieser Satz kam von weit her aus meinem Innern, ich hörte die Stimme, die ihn sagte, ganz deutlich, ich stand da, hinter einem Baum mit breitem Stamm, und konnte mich nicht entscheiden. Eine Verfolgerin tauchte auf, den anderen um einiges voraus. Sie rang nach Luft. Dann wurde ihr bewusst, dass sie nackt war bis auf eine türkise Kappe, auf der in schwarzen Großbuchstaben „TÜRKIS" stand. Sie fand keine Worte. Ich wusste nicht, wohin ich schauen sollte. Wollte nicht unhöflich sein und sie anstarren. Vielleicht gehörten ihr die Jeans, die ich wieder ausgezogen hatte, zu groß. Dann wäre ihre Hose wenigstens noch da. Einfach ein Paar Jeans. ~ Ata braucht andere Jugendliche, um – ~ Eine Ladung Erde hagelte mir ins Gesicht. Noch eine. In einiger Entfernung kamen andere angestakst. Noch eine Ladung Erde traf mich hart. Irgendwo tief unten in mir tat es mehr weh als jeder Schlag. Beworfen werden. Ich nahm einen kurzen Anlauf, um die Jugendliche anzuspringen, wie ein Paket, wie ein Geschoss, aber die Füße gaben mir im letzten Moment eine neue Richtung und ließen mich ins Leere springen. Sie erschrak trotzdem. Ich auch. Kam schnell wieder auf die Füße und damit war ich weg. Ich lasse mich nicht bewerfen. Mit nichts. Sie war schnell, TÜRKIS, aber niemand ist so schnell wie ich.

Sie gaben auf. Ich stellte mir vor, wie sie leicht verlegen zurückhumpelten zu ihren nicht-gehenden Freundinnen und Freunden, die inzwischen meinen Sportdress und die Schuhe gefunden hatten. Und – ich tastete unter mein neues Kleidungsstück – die Medaille. Ich musste sie beim überstürzten Umziehen mit über den Kopf gezogen haben. Dann erst war ihnen wohl klar geworden, wer der Kleiderdieb war. Startnummer 9. Das Original.

ES war die zwölfte Zeitung, die sie an diesem Morgen durchblätterte. Der Zeitungsständer im Frühstücksraum des Sporthotels war fast leer. Die Zeitungen stapelten sich auf ihrem Tisch. Die Trainerin konnte nur einige Brocken Festländisch, aber die Fotos sprachen für sich. Lan auf dem Podest, Aufnahmen vom eiländischen Sportinternat, Miles mit schmerzverzerrtem Gesicht auf dem Boden. Um diese und weitere Fotos herum Überschriften, Artikel, Kommentare, Interviews. Buchstabenfolgen, schwarze Schrift auf weißem Papier. Jeder einzelne Buchstabe umgeben von Weiß, getrennt vom nächsten Buchstaben. Die Trainerin ließ die Buchstaben ineinander verschwimmen, indem sie die Augen zukniff. Sah Schwarz auf, neben, über, unter, inmitten von Schwarz. Als sie die Augen wieder öffnete, war das Weiß zurück. Behauptete seinen Platz, als sei es immer schon da gewesen, Weiß eben, und nicht einfach nur Papier. Sie trank den letzten Schluck Kaffee, stand auf, hängte die Zeitungen zurück, durchquerte das Foyer des Hotels, um einen Spaziergang durch die Anlage ins Stadtzentrum zu machen. Vielleicht würde sie am Bahnhof vorbeigehen, um weitere Zeitungen zu kaufen, internationale. In der ganzen Anlage gab es keine internationalen Zeitungen. An der Rezeption fiel ihr Blick, wie immer, seit Lan aus dem Stadion davongelaufen war, auf den Platz, an dem die Schlüsselkarten für die Hotelzimmer aufgereiht standen. Die Magnetkarte mit Lans Zimmernummer war an ihrem Platz, niemand hatte sie geholt. Lan war nach wie vor verschwunden. Er hatte kein Telefon dabei, kein Geld, nur seinen Laufdress auf dem Leib. Draußen, direkt vor dem Hoteleingang, wurde sie ungefragt fotografiert und um ein Interview gebeten. Sie änderte kommentarlos die Richtung, zurück ins Hotel und an die Rezeption. Dort kündigte sie ihr Zimmer und bat um die Rechnung. Sie habe doch gestern erst das Zimmer des Herrn Lan, also des Läufers, für eine weitere Woche gebucht, obwohl er nicht mehr dort genächtigt habe, wunderte sich der Rezeptionist. Und ihr Zimmer sei für die ganze Laufzeit der Spiele gebucht, da müsse er erst nachfragen, ob das so einfach zu stornieren sei. Zudem müsse er Kontakt zum eiländischen Sportverband aufnehmen, über den die Buchungen ursprünglich abgewickelt worden seien. Die Trainerin erklärte, jedwede Stornogebühr zu zahlen, und verbat sich eine Einbeziehung des Sportverbandes, musste aber dennoch einige Minuten warten und dreierlei Formulare ausfüllen, bevor sie kulanzhalber auschecken konnte.

Keine Viertelstunde später stand sie mitsamt Gepäck vor dem Hoteleingang. Ein Taxifahrer stieg aus seinem Auto, obwohl sie nicht gewunken hatte. „Taxi?", fragte er. Wohin?, dachte sie und nickte. Er verstaute ihr Gepäck im Kofferraum, hielt ihr die Tür auf, stieg selbst ein, ließ den Motor an und wartete darauf, dass sie das Fahrtziel nannte. Sie schaute aus dem Fenster, wusste nicht, wohin, schwieg. Der Taxameter lief.

Wie ATA Schiffe erst baut und dann versenkt

In Atas Kabine ist kaum mehr Platz. Überall Modelle von kleinen und großen Schiffen. Essbares aus der Schiffsküche, das klebt, hält die filigranen Modelle zusammen. Pappe verstärkt den Rumpf. Packpapierfalttechniken, die Ovid Ata gezeigt hat, machen die Schiffswände und Segel, die kleinen Container und Frachtstücke stabil und flexibel zugleich. Fasern von Schiffstauen dienen als Miniaturseile. Ölfarbe macht die Schiffe in allen Farben glänzen. Winzige Figuren aus Draht stehen auf den verschiedenen Decks, klettern die Lotsenleitern hinauf, bilden Gruppen auf den Schiffsbrücken und in Maschinenräumen, liegen in Kabinen auf winzigen Kojen aus Stoffresten. Jedes Schiff ein Kunstwerk. Ata bastelt und baut tagelang und oft auch in den Nächten, wenn das Packpapier das schlagende Geräusch nicht genug dämpft und Ata nicht schlafen kann. Ovid hilft bei statischen Überlegungen, schafft Material, das bei Wartungsarbeiten übrig bleibt, in Atas Kabine. Die Leute in der Schiffsküche erforschen unter dem Gesichtspunkt des bestmöglichen Klebefaktors, welche Zutaten besonders geeignet sind, und stellen sie in kleinen Schüsselchen beiseite, Zuckerguss, Granatapfelsirup, Erdnussbutter,

Fufu, Dattelmus und Schokoladensauce. Ata holt die Schüsselchen in der Küche unter der Bedingung ab, sie vollzählig wieder zurückzubringen, was fast immer klappt. Aus altem Brot, Kokosnuss- und Zuckerstücken baut sie Stützpfeiler für die Schiffe, sodass sie nicht zur Seite kippen. Die Bau- und Schalungstechniken werden von Monat zu Monat und von Jahr zu Jahr ausgefeilter. Einige Modelle hat sie aus einem Fotoband, der auf der Brücke im Regal steht und berühmte Schiffe aus verschiedenen Epochen zeigt. Ata bittet den Kapitän, die Steuerfrau oder Ovid, in den Häfen, in denen die Galaxie anlegt, Fotos von anderen Schiffen zu machen, und baut diese ebenfalls nach. Lange stehen Atas sonderbare Bauwerke in keiner Verbindung zu den mit Kugelschreiber flüchtig gekritzelten Vierecken, wenn sie mit einem Mitglied der Besatzung, das gerade Pause hat, Schiffe versenken spielt. Auf Kästchenpapier werden diese viereckigen, vermeintlichen Schiffe getroffen und versenkt, und was lange Zeit keine weiteren Folgen hat als zusammengeknülltes Kästchenpapier und, im Falle von Atas Niederlage, ein unglückliches Gesicht, zieht nunmehr die Zerstörung ganzer Modelle nach sich. Versenkt Atas Gegenüber ein Schiff ihrer Kästchenpapierflotte, geht Ata, aufgebracht, aber sich ihrer großen Verantwortung bewusst, in ihre Kabine und zerstört das mühsam gebaute Modell, das dem versenkten Kästchenschiff entspricht. Sie beißt die Zähne zusammen, Krieg ist Krieg und Verlust ist Verlust, aber manchmal verliert sie doch die Beherrschung und weint. Alles Reden und Argumentieren von Ovid und anderen, die ihr klarzumachen versuchen, dass Schiffe versenken nur ein Spiel ist und die Schiffsmodelle kleine Kunstwerke sind, die sie auf keinen Fall kaputt machen darf, zeigt keine Wirkung. Der Ingenieur ist es auch, der versucht, Ata auf andere Gedanken zu bringen, ihre Erinnerungen zu aktivieren. Er fragt nach ihren Eltern, danach, wer ihr die Papageien geschenkt habe, wie es ausgesehen habe dort, wo sie gelebt hat, bevor sie auf die MS Galaxie gekommen ist. Er erzählt von seinen Eltern und der Zeit, lange her, als er ein Kind war, er erzählt, welche seine Lieblingsgeschichte war, was er am liebsten gegessen und gespielt hat. Ata hört ihm zu, hört jedes Wort, merkt sich kleinste Details, kommt immer wieder auf das eine oder andere zurück und möchte mehr wissen. Aber auf keine einzige seiner vorsichtigen Fragen bekommt er eine Antwort. Nur die Papageien rufen manchmal Kurkuma! Kurkuma! Oder: Paprika! Truhe! Curry! Zimt! Aber daraus wird Ovid nicht schlau. Er kann nicht verhindern, dass Ata ihre Modelle weiterhin „versenkt", und er findet keinen Zugang zu der Ata, die sie war, bevor sie ein Kleiner Kapitän wurde.

Schließlich weigern sich alle Erwachsenen an Bord, die sich zu der einen oder anderen Partie Schiffe versenken hatten überreden lassen, noch mit Ata zu spielen. Zu verheerend sind die Folgen. Fortan spielt Ata gegen sich selbst, tippt auf Kästchen, kreuzt an, schießt Schiffe an und versenkt sie, zwei- und dreidimensional. Nichts kann sie bremsen. Einige Male liegt zwischen den Spielen, die sie gegen sich selbst austrägt, ein Zeitraum von mehreren Wochen, was daran erkennbar ist, dass die stolzen Modelle in Atas Kabine wieder mehr werden und kaum noch Platz ist, um etwas abzustellen oder sich hinzusetzen. In diesen zerstörungsfreien Zeiten hoffen alle, die darum wissen, dass es endlich ein Ende hat. Ovid setzt sogar durch, dass es auf der ganzen MS Galaxie kein Kästchenpapier mehr gibt. Aber irgendwann kommt der Moment wieder, in dem das Kind in mühevoller Kleinarbeit Linie um Linie auf ein Papier zieht, erst senkrecht, dann waagerecht, Vierecke in die Kästchen einzeichnet und das ganze Dilemma von vorn beginnt.

ES fühlte sich ungewohnt an, eine Goldmedaille in der Hand zu halten. Zeichen der besten Leistung, aber auch schlicht Gold. Inbegriff des Wertvollen. Die Gruppe derer, die im Bach badend überrascht worden waren, saß ratlos vor dem gelb-schwarzen Sportdress, der Startnummer 9 und der Goldmedaille. Sie hatten sich in der Wohnung getroffen, die die Trägerin der türkisen Kappe mit ihrer älteren Schwester und deren Freund bewohnte. Beneidet von den anderen, die noch bei ihren Eltern lebten. Öffentliche Räume wie ein Einkaufszentrum oder Park schienen den Jugendlichen ungeeignet dafür, zu entscheiden, was tun mit den wertvollen Stücken.

Waschen. War der erste, einstimmig angenommene Vorschlag. Sie stopften die Laufhose, das Trikot und das Stirnband mitsamt den Schuhen in die Waschmaschine. Wer Gold erläuft, schwitzt. Was auch immer mit den Sachen geschehen würde, verschwitzt waren sie keine Option. Weiter wussten sie nicht. Saßen herum, hörten Musik. Nach jeweils spätestens zwei Nummern wechselte jemand die Musikrichtung. Alle wippten mit, so oder so, mit einem Fuß oder Knie, mit dem Kopf, den Schultern, nebenbei. Es reichte, da zu sein, wo die anderen waren. Wo der Rollstuhl mit den gelb gestrichenen Speichen war und der mit dem eingestrickten Gestänge, wo immer mindestens einer oder eine Papierschiffchen faltete, wo Kakaopulver einer Billigmarke löffelweise in kalte Milch gerührt wurde, wo immer irgendwer Schnappschüsse machte und an die anderen verschickte, wo verlässlich neue Folgen mehrerer Fernsehserien mitgebracht oder vor Ort heruntergeladen wurden. Festländisch war ihre Sprache, aber nicht die der Eltern und Großeltern. Die, die im Rollstuhl kamen, mussten mit dem Lift kämpfen, der ständig Störungen hatte, was schon mehrere Rechtsstreitigkeiten mit der Hausverwaltung nach sich gezogen hatte, aber das war eine andere Geschichte. Manche schliefen miteinander, andere nicht. Sie hatten nie angefangen, darüber zu sprechen, und blieben dabei. Einige gingen in dieselbe Schule, andere machten eine Lehre, zwei studierten, einige machten sogenannt nichts. In langen Sommern am Bach, der fast schon ein Fluss war, wurden sie mehr, blieben beieinander im Gras liegen oder sitzen, gingen gemeinsam schwimmen, teilten Rauchbares, Getränkedosen und Essen, das sie in großen Mengen, fertig gekocht, in Kühlboxen mitbrachten, aber nicht um es zu kühlen, sondern um es warm zu halten. Sie waren eine lose Gruppe plus/minus einige, die nach Trennungen, Beziehungsdramen, Interessensverschiebungen oder sonstigen Ereignissen wegblieben oder wiederkamen. Sie waren, wie sie waren. Vielleicht wäre Platz gewesen für Lan. Vielleicht nicht. Niemand hätte sich besonders für Sport interessiert. Vielleicht hätte sich jemand in Lan verliebt, vielleicht nicht. Vielleicht hätte Lan sich in die eine oder den anderen verliebt, vielleicht nicht. Vielleicht hätte Lan nichts zu reden gewusst ohne ein Sportinternat drumherum. Vielleicht hätte Lan aber auch die Kultur des Miteinander, ohne etwas zu müssen, ohne reden zu müssen, zugesagt. Vielleicht nicht. Vielleicht hätte Lan sich verloren und allein gefühlt. Vielleicht wäre eine Sehnsucht von Lan gestillt worden, eine Sehnsucht nach genau dem Ziellosen, dem Beiläufigen, dem immer noch Jugendlichen, dem noch nicht Erwachsenen. Aber Lan war nicht eingeladen worden. In diese Gruppe wurde niemand eingeladen. Zu dieser Gruppe stießen Neue zufällig dazu, am Bach, im Sommer, oder in der Wohnung der WG, im Winter. Lan aber war nur am Bach gewesen, um den Durst zu stillen, und mit den Anziehsachen einiger davongerannt. Keine günstige Gelegenheit, um Teil der Gruppe zu werden. Lan hatte sich nicht gesonnt, nicht in der Wiese oberhalb des Baches gelegen, hatte sich nicht in aller Ruhe die Fußnägel geschnitten, hatte nicht Steinchen aufs Wasser geworfen, hatte nicht nach Sachen getaucht, die jemand verloren hatte, trug keine zu große Badehose, die er beim Herumspringen im Wasser hätte verlieren können. Lan hatte nur Erde ins Gesicht geworfen bekommen. Und war trotzdem anwesend an diesem frühen Nachmittag, jedenfalls Lans Outfit und Medaille.

Als die Wäsche fertig geschleudert war, saß die Gruppe wieder ratlos da. Jemand begann, die Sachen trockenzuföhnen, halb aus Langeweile, halb, um sie anzuprobieren. Alle zogen alles an. Einem passte die Montur wie angegossen. Abgesehen von den Haaren sah er Lan täuschend ähnlich. Schwarzer Futterstoff, auf einer Ablage über der Küchentür in einem Koffer gefunden, gab mitsamt dem Vorrat an Laken den weiß-schwarzen Hintergrund des improvisierten Fotostudios im langen Flur der Wohnung. Alle transportablen Lampen wurden gebracht und leuchteten den Flur aus. Die Jugendlichen setzten dem Läuferdouble alles auf den Kopf, was sie finden konnten, um seine Dreadlocks zu verstecken. Die türkise Kappe, einen Fahrradhelm, ein Nudelsieb, einen Hut, eine Badekappe mit Hörnern und Schwimmbrille, eine schwarze Samthaube, Mischung aus Mütze und weichem Tuch. Sie hängten ihm die Medaille um, er küsste sie, er biss drauf. Foto um Foto mit ihm wurde aufgenommen, mit großen Ohrringen, einem Fächer, mit Sonnenbrille, liegend, stehend, auf Schultern getragen, aus einer Zimmertür herauswinkend, auf dem WC sitzend. Auf einem Foto lag die Medaille in der WC-Muschel. „Ich hasse Leistungssport", verlautbarte diejenige, die das Foto arrangiert und aufgenommen hatte. Eine andere ließ das Double, das sie fortan nur noch F. L., Falschen Läufer, nannten, eine Handsäge an die Medaille ansetzen, deren eine Hälfte mit dem schwarzen

Futterstoff abgedeckt war. Die Medaille sah halbiert aus. Ein anderer stellte ein gefülltes Bierglas auf die Medaille. Einer ließ sich aus seinem Rollstuhl heben, um F. L. darin zu fotografieren. „Goldräder" betitelte er das Foto. Am Ende eines langen Nachmittags und Abends gab es insgesamt 186 Fotos.

ICH in neuer Kleidung. Lose um den Körper flatternd. Für einen Kaftan zu kurz, für einen Sari auch und nicht gewickelt, für einen Bubu zu lang, es war auch weder ein langes Sommerhemd noch ein Hosenanzug ohne Hose. Groß gemustertes Kleidungsstück, am ehesten kurzes Kleid. Ich bereute, die dazu passende Hose nicht mitgenommen zu haben. Ich war den Jugendlichen am Bach entkommen, aber wo sollte ich hin, wie sollte es weitergehen. Das Einzige, was ich hatte und was mir gehörte, war mein Ölfässchen. Auf dem Podest hatte ich es unter dem Trikot hervorgeholt, damit Ovid es sehen konnte, neben der Goldmedaille. Wenn er es gesehen hatte, irgendwo auf der Welt auf dem Meer, auf seinem Telefon oder einem anderen Monitor oder im Fernseher in der Küche neben dem Bootshaus, aber das war eine andere Geschichte, dann hatten alle anderen, die die Spiele verfolgten, es auch gesehen. Mein Anhänger war alles, was ich jetzt hatte, und der Beweis, dass ich ich war. Egal, wie ich aussah. Alles andere befand sich in meinem Gepäck im Hotelzimmer in der Hauptstadt. Vielleicht waren meine Sachen längst beschlagnahmt worden. Oder meine Trainerin hatte sie an sich genommen. So oder so war nichts bei mir und ich nicht bei ihr. Nicht einmal anrufen konnte ich sie, ohne Telefon, ohne Geld, ohne ihre Nummer, die ich eingespeichert hatte, aber nicht auswendig wusste. Ein papierloser, mittelloser Niemand in einem Kleid mit einem Glücksbringer um den Hals. Das war ich. Ich wickelte mir das T-Shirt, langarmig, wie ein Tuch um den Kopf, die Ärmel legte ich rundherum und die Enden steckte ich fest. Die Leggings waren zu heiß. Noch nie hatte ich welche getragen. Nur mit Unterhose unter dem Kleid fühlte ich mich aber zu nackt. Ich hätte gerne Socken gehabt, um nicht barfuß in den Turnschuhen einer anderen Person zu stehen. Klettverschluss, immer schon verhasst. Sollte ich in einen Ort kommen, würde ich im nächstbesten Drogeriemarkt Lippenstift auftragen, erst Balsam, dann Rot. Und Make-up. Wennschon, dennschon. Ich konnte nicht sagen, dass ich mich im neuen Outfit unwohl fühlte. Abgesehen von den Klettverschlüssen und der Tatsache, dass ich grundsätzlich lieber eigene Sachen trug. Um Secondhandläden hatte ich immer einen großen Bogen gemacht. Ob mein Kleid der Jugendlichen mit der türkisen Kappe gehörte. Aber wer so eine Kappe trug, tendierte vermutlich eher zu Shorts und ärmellosem Hemd.

Wie ATA zwischen Keyboard, Stehlampe und Surfbrett den Atem anhält

Ata steht auf der Brücke und schaut den riesigen Greifarmen der „Saurier" zu, die die Fracht löschen. Viele Jahreszeiten lang schon steht sie auf der Brücke, mal eingepackt in dicke Wollsachen und Ölzeug, mal in leichter Baumwolle und Sandalen. Aber immer mit Wollmütze. Jetzt trägt sie ihre Wintermontur mit Handschuhen, Schal und Stiefeln. Von ganz oben sieht sie steuerbord einen Vertreter der Einwanderungsbehörde die Gangway heraufkommen, viel früher als erwartet, als sonst. Üblicherweise kommen diese

Kontrollen erst, nachdem das Löschen der Fracht abgeschlossen ist, und bis dahin ist Ata auf Anweisung des Kapitäns jeweils gut versteckt. Jetzt ist der Kapitän nicht auf der Brücke. Die Steuerfrau sieht, was Ata sieht, und stößt einen lauten Fluch aus. Ata ist schon unterwegs. Sie rennt backbord den Umlauf entlang in ihre Kabine, schiebt hastig zwei Schiffsmodelle zur Seite, wirft die Papageien vom Kopfkissen und stellt sich aufs Bett, mit dem Rücken an die Wand gelehnt, bereit, den Kontrolleur anzuspringen. Minuten vergehen. Sie überlegt es sich anders, rollt vom Bett, zieht ein großes Stück Packpapier aus dem Schrank und wickelt sich hinein, neben zwei, im selben Papier verpackte, längliche Objekte. So verharrt sie lange. Gerade als ihr die Geduld auszugehen droht, wird die Tür aufgemacht, die unbekannte Stimme des Einwanderungsbehördenzuständigen mischt sich mit den vertrauten Stimmen von Ovid, der Steuerfrau, einer Ingenieurin und dem zweiten Offizier. Ata versteht nicht, was der Kontrolleur sagt, sie wendet alle Konzentration auf, um so flach wie möglich zu atmen, um nicht niesen zu müssen, sich nicht zu rühren, um diese Minuten zu überstehen. Sie hört jemand mit Packpapier rascheln, es ist Ovid, der am oberen Ende des unförmigen Pakets ein ganz kleines Stück Wollmütze erkennt. Der zweite Offizier erläutert eines nach dem anderen die länglichen Gepäckstücke, die das Interesse des Kontrolleurs geweckt haben: ~ Ein Keyboard ~ für meine Tochter ~ ein Surfbrett ~ eine Stehlampe ~ für mich ~ ein Bügelbrett ~ für meine Wohnung ~ und ein ~ ja ~ ein ~ ein kleiner ~ Buddha ~ für meinen Enkelsohn ~ dort ~ in der Ecke ~

Ecke! Ecke! Ecke! Packpapier! Pack dein Papier! Buddha! Bügeln! Die Papageien werfen sich ins Zeug, sie haben Ovids Stimme, der Behördenvertreter lacht, die Gruppe verlässt die Kabine.

Der Haushalt von Ovid und seinem Freund, der als Koch in einem Restaurant am Hafen arbeitet, ist nicht auf ein Kind im Volksschulalter ausgerichtet, aber das Wichtigste hat Ata dabei, das kleine Fell, die Papageien, ihre Mütze, eine Rolle Packpapier für alle Fälle. Die beiden Männer richten über dem bescheidenen Bootshaus, in dem ihr Ruderboot liegt, ein Zimmer für Ata ein und machen es winterfest, isolieren die Holzwände, stellen einen Radiator hinein und kaufen warme Decken. Es ist viel kleiner als Atas Kabine an Bord, aber dafür nicht so dunkel. Und es gibt kein metallisches Krachen und Klappern in der Nacht und kein Packpapier in allen Fugen. Der Ingenieur und der Koch machen kein großes Aufheben darum, dass sie, jedenfalls in Ovids Urlaubszeiten, fortan bis auf Weiteres mit Kind leben. Irgendwo muss Ata bleiben in der Zeit, in der das Frachtschiff im Hafen liegt und überholt wird. Ovid hat nach Beratungen mit seinem Partner den Vorschlag an Bord gemacht, der nach eingehender Diskussion mit dem Kapitän, der Steuerfrau, den zwei anderen Ingenieur_innen und den Offizieren dankend angenommen worden ist. Zu improvisiert und chaotisch war die Unterbringung des Kindes in den Hafenliegezeiten der MS Galaxie bisher gewesen.

Ovid lehrt Ata lesen und hört ihr zu, wenn sie eine Geschichte aus den Metamorphosen, der Odyssee oder der Ilias vorliest. An Tagen, an denen sie mehrmals die Erzählung von Atalanta, der Läuferin, vorliest, wendet er ein, dass sie die Geschichte doch schon auswendig könne, also keine Notwendigkeit bestehe, sie zu lesen, geschweige denn vorzulesen, geschweige denn laut. Denn er könne sie auch schon mitsprechen, auswendig, vorwärts und sogar rückwärts. Aber Ata liest, sooft und wann immer sie will, lauthals, Satz für Satz, Wort für Wort, die Geschichte der Läuferin vor. Aus den sogenannten Gesängen der Ilias gefällt Ata der Name am besten und sie gibt ihn dem Koch feierlich als Spitznamen. Der wehrt sich gegen seinen neuen Namen, findet er doch, diese Mythen seien durch und durch die Machwerke alter weißer Männer, die Frauen auf undankbare Plätze verwiesen und das Recht des Stärkeren propagierten, aber mit diesem Einwand steht er in seiner neuen kleinen Familie allein da. Das Maximum, das er Ata abringen kann, ist Ilias ohne s, Ilia. Immerhin. Nur einmal bringt ihn der Plastikpapagei, der nicht mehr aufhört Ilia! Ilia! Ilia! Ilia! Ilia! Ilia! Ilia! Ilia! zu rufen, so weit, dass er an sich halten muss, um ihn nicht einfach zusammenzudrücken, in die Altplastiktonne zu stopfen und den neuen Namen, könnte er ihn in die Hand nehmen, gleich hinterher. Und die Ilias ins Altpapier. Was allerdings beziehungstechnisch unklug wäre. Ilia! Ilia! Gesänge! Gesänge! Ilia! Sing! Sing! Ilia!

Ilia greift, wie immer in heiklen Momenten, nach dem Lippenbalsam, seinem ständigen Begleiter. Ata schaut ihm gerne dabei zu, wie er den Lippenbalsamstift aufrollt, dessen Gehäuse mal weiß, mal blau ist, Hauptsache Fettstift, seine Lippen bedächtig nachfährt, den Stift wieder zudreht, die Lippen aufeinanderlegt und hin- und herbewegt, mit Daumen und Zeigefinger der rechten Hand den Lippenbalsam noch in die Mundwinkel verteilt und Ata schließlich den Stift reicht. Der Papagei ist damit abgemeldet.

Die meiste Zeit der folgenden Jahre lebt Ata an Deck der MS Galaxie, auf der inzwischen auch Ilia angeheuert hat, als Schiffskoch, um nicht mehr so viele Monate von Ovid und auch von Ata getrennt zu sein. Die übrige Zeit der Jahre verbringt Ata in ihrem winzigen, aber sonnendurchfluteten Zimmer über der Bootsgarage, die an das schmale Haus der beiden Wahlväter angebaut ist, in einem kleinen Land, durch das die meisten Menschen hindurchreisen, eine Transitstrecke, kaum jemand bleibt. Der Einfachheit halber wird, wenn nicht gerade Mythen gelesen werden, im Haus die ~ Bordsprache ~ gesprochen.

Der Plastikpapagei hat inzwischen auch seinen zweiten Fuß verloren, er thront die meiste Zeit fußlos auf Atas Kopfkissen, während der Plüschpapagei zwar noch intakt ist, sich aber damit begnügen muss, an einem unattraktiven Platz im Bootshaus an einer Befestigungsstange zu hängen. Ab und an versuchen Ovid oder Ilia, Ata eine neue, schicke Mütze einzureden, aber sie blitzen mit ihrem Vorhaben ein ums andere Mal ab. Mütze ist nicht gleich Mütze, und wer das nicht versteht, versteht nichts von Mützen. Manchmal darf Ata eine von Ovids Westen tragen, in die sie zwar zweimal hineinpasst, aber von denen sie selbst findet, dass sie wie angegossen sitzen und ihr ausnehmend gut stehen. Kleidung für Ata ist überhaupt ein heikler Punkt im neu sortierten Haushalt. Mode für Mädchen, Mode für Jungen, endloses Anprobieren. Wenn sie nicht Ingenieur und Koch wären, würden die Väter Kindermode kreieren, unisex, ohne Wenn und Aber.

Manchmal, wenn etwas schiefläuft, jemand von ihnen dreien traurig ist, oder auch gegen aufkommende Langeweile denkt Ilia mit Ata gemeinsam darüber nach, warum die Welt ist, wie sie ist. Wieso auf hoher See so selten Sterne zu sehen sind. Wieso alle Menschen unterschiedlich aussehen. Und wieso manche dennoch behaupten, sie sähen richtiger aus. Wieso Hefe Wärme braucht, um aufzugehen, und warum Kurkuma gelb ist. Warum manche Menschen im Laufe ihres Lebens verschiedene Namen tragen und andere immer denselben. Wieso es wider Erwarten einfach ist, Reis mit Stäbchen zu essen. Wieso Leute Länder entdecken können, die es schon längst gibt. Sie denken auch über Atas Frage nach, warum an Bord der MS Galaxie nicht alle, die dort arbeiten, zusammen essen und frische Luft schnappen. Gemeinsam wundern sie sich darüber, wieso nur manche Menschen ständig raue Lippen haben. Und wieso Iasos Atalanta einfach im Wald aussetzt und ihm niemand die Meinung sagt. Ovid kann es sich nicht verkneifen, darauf hinzuweisen, dass Iasos und Atalanta Dichtung seien und als Symbol für etwas stünden und dass ein echter Iasos sein Kind niemals ausgesetzt hätte. Ata weiß nicht, was Dichtung ist, aber sie fragt nicht nach, weil Ovid zwar die besten Geschichten erzählt, sich aber ihrer Erfahrung nach bei grundsätzlichen Fragen, die mit wieso und warum beginnen, nicht gut genug auskennt. Schiffe versenken interessiert Ata nicht mehr, weder auf Papier noch die Modelle. Auf Ovids behutsames Nachfragen dazu kommt keine Antwort. Ata hat auch kein Interesse daran, etwas anderes zu bauen oder zu basteln. Was vorbei ist, ist vorbei. Beide Väter bestaunen die Kompromisslosigkeit und manchmal ist ihnen genau diese etwas unheimlich.

Vielleicht ist es die Entfernung ihres Zimmers von der Küche und dem Schlafzimmer von Ovid und Ilia, die Ata sicher sein lässt, dass das Paar nie streitet.

MILES' Gedanken liefen auf Hochtouren. Wollte er sein Wissen um Lans Geheimnis teilen. Mit der Öffentlichkeit. Mit allen anderen. Warum nicht lieber der Einzige bleiben. Wenn alle es wüssten, hätte er keine Macht mehr über Lan. Was, wenn er sich diese Macht vorbehielte, genüsslich. Auskoste, wann immer es ihm schmeckte. Verbunden sein im gemeinsamen Wissen um Lans Geheimnis. Verbunden. Miles überlegte, wann er sich das letzte

Mal, wann überhaupt, verbunden gefühlt hatte mit einem anderen Menschen, verbunden. Nie. Punkt. Nicht ein einziges Mal. Außer als Kind. Lange her. Mit seiner Großmutter. Als Jugendlicher nicht, mit niemand, als Erwachsener nicht, als Weltbester nicht. Unverbunden. Überlegen gefühlt, immer nur überlegen. Vielleicht hatte auch Lan sich noch nie verbunden gefühlt. Vielleicht würde Lan, vielleicht war Lan, vielleicht dachte Lan an ihn, jetzt, an Miles. An mich, dachte Miles, den Rivalen, den hinter ihm, nur den Hauch eines Atems weiter hinten.

Sein Telefon läutete zum zigsten Mal. Kein Anschluss unter dieser Nummer, heute, jetzt. Nur für Lan. Er wartete auf Lans Anruf, obwohl Lan die Nummer nicht wissen konnte. Vielleicht sollte er sich Meilan nennen, Mei-Lan. Was für ein Blödsinn. Es trug ihn gänzlich weg von aller Vernunft.

Seit Miles in Cafés, an Supermarktkassen und auf Flughäfen, nicht nur in dem Land, in dem er lebte, sondern auch international, erkannt wurde als der, jedenfalls bisher, schnellste Mann der Welt und als das Gesicht und der Körper weltbekannter Meils.com-Produkte und -Sportartikel, hatte er das Gefühl, nie mehr allein sein, für sich sein zu können, ohne in Kommunikation treten oder sich zu anderen verhalten zu müssen. Er hatte nicht viele Beziehungen, Flirts, Affären, wie immer er sie nannte, gehabt bisher. Weder vor seiner Bekanntheit noch seit seinem Aufstieg. Genau genommen hatte er sehr wenige sexuelle Beziehungen und jeweils nur flüchtige gehabt, und doch begleitete ihn das unablässige Gefühl, keine Zeit für sich allein zu haben. Lächeln, grüßen, ein paar Worte für Fans finden, der Presse Rede und Antwort stehen, Fototermine für Sponsorfirmen, Wohltätigkeitsveranstaltungen, ständig etwas müssen, dauernd, immer. Wichtig sein. Auf Nebenschauplätzen. Er wollte weg davon. Und hatte nur eine Möglichkeit im Kopf, mit der ihm das realistisch schien, etwas, was er mit Lan teilte. Das Laufen. Laufen, weglaufen, untertauchen. Gemeinsam untergetaucht sein. Als Gleiche. Unerreichbar für alle anderen, die schlicht zu langsam waren. Sie nie finden würden. Weil sie immer schon auf und davon wären. Miles hatte den Konkurrenten nicht gekannt, nur aus spärlichen Berichten über den Unbekannten aus Eiland. Jetzt verband er mit Lan Laufen, Ebenbürtigkeit, Einsamkeit und Stille. Dieser Läufer war ihm entgegengeflogen, ein menschliches Geschoss, hatte ihn umgestoßen, ohne ein Wort zu sagen. Kein Laut, kein Schrei, kein Ausruf des Ärgers oder Schreckens. Als er Lan den Tampon unter die Nase hielt und die Penisattrappe zusammenquetschte. Doppelte Kraft, Körper gegen Körper. Mit Lan würde er sich von den Fragen unbekannter Menschen mit und ohne Mikrofon nicht gemeint fühlen. Sein Telefon würde nicht mehr läuten, seine Mailbox keine Nachrichten mehr aufnehmen, der Austausch über seine sozialen Netzwerke würde ihn nicht mehr interessieren. Er wäre frei. Ohne Lan schien ihm diese Freiheit unerreichbar, er traute sich selbst nicht zu, sie in Anspruch nehmen zu können.

Wenn sie beide endgültig allen anderen für immer davongelaufen wären, würden sie trotzdem noch weiter laufen, auslaufen, den Rest aus sich herauslaufen, und irgendwann zu einem Zeitpunkt, den Miles nicht imaginieren konnte, stehen bleiben. Bleiben. Auch einen Ort konnte er nicht imaginieren, an dem sie stehen bleiben würden. Der einzige Ort, der ihm einfiel, war profan. Die Garderobe einer Sportanlage, Duschen. Profan, aber logisch. Natürlich duschen. Wie immer nach dem Laufen. Mit Lan duschen. Neben Lan. Miles konnte auch keine Dusche imaginieren, in der er und Lan duschen würden. Seine Gedanken kratzten die Kurve. Zurück blieb das Duschen, wie er es kannte. Nach dem

Training. Penisgrößen vergleichen, gemeinschaftlich in die Dusche pinkeln, beides als Teenager, später nicht mehr, oder jedenfalls nicht mehr offen. Die Erregung bei gewonnenem Lauf mit eiskaltem Wasser wegduschen, beim Abtrocknen mit den Gegnern oder Trainingspartnern den Lauf besprechen, jedes Deodorant schon kennen, beiläufig sein und doch angespannt.

In Miles' Elternhaus, in dem er nicht Miles, sondern nach wie vor mit den Anfangsbuchstaben seiner Vornamen, T. G., gerufen wurde, gab es keine richtige Dusche, nur einen Duschkopf mit viel zu kurzem Duschschlauch in der Badewanne. Sein Vater, steter Befürworter und Förderer von T. G.s Laufkarriere, hatte nur bei der Dusche ausgelassen, hatte rotgesehen, früher, wenn das Bad nass war, die Bodenfliesen rutschig. Es waren die einzigen Anlässe gewesen, die den Vater dazu brachten, laut zu werden. Ob die Wanne nicht reiche, wozu er alles nass machen müsse, das Bad sei kein Ort zum Abspritzen. Der Vater wurde vulgär und verletzend. Dem pubertierenden Sohn war es peinlich, wenn sein Vater sich verbal derart entblößte, und bis heute war Miles unklar, was den ansonsten besonnenen Vater so außer sich brachte. Es war doch nur Wasser. Heiß baden war etwas für die anderen, für die auf den zweiten, dritten, vierten Plätzen. Kalt duschen war für den Schnellsten und Besten. Auch als Miles noch weit davon entfernt war, der Schnellste zu sein, duschte er kalt, eiskalt. Baden wäre nicht infrage gekommen. Seiner Mutter war es auch schleierhaft, wieso ihr Mann so außer sich geriet angesichts eines nassen Badezimmers. Sie war froh, dass ihr Sohn auf seine Körperpflege achtete, der Rest interessierte sie nicht weiter. Einmal schrie T. G. zurück, er war vierzehn, schrie, dass es doch kaltes Wasser sei, dass er kalt dusche, er sei kein Warmduscher, aber das hatte seinen Vater nicht gestoppt. Offensichtlich war es nicht um die Temperatur gegangen. Es war und blieb ein Machtkampf zwischen Vater und Sohn. T. G. hörte nicht auf, zu duschen, sein Vater hörte nicht auf, ihn danach zu beflegeln. Mit sechzehn forderte T. G. vom Vater, das mit dem Abspritzen wegzulassen, das sei beschämend und unwürdig. Der Vater beschimpfte ihn daraufhin noch viel mehr und so grob unter der Gürtellinie, dass T. G. seine Sachen packte und für ein paar Tage im Sportclub in der Garderobe übernachtete.

Jetzt war er längst aus dem Haus, alle kannten ihn als Miles, er verstand sich gut mit seinen Eltern, duschte nicht mehr dort, weil er nicht mehr im Elternhaus übernachtete. Nie hatten sie über dieses Kapitel gesprochen. Vielleicht war sein Vater neidisch gewesen auf so viel Körper, muskulösen Körper. Leistungssport ist Körper. Aber sobald diese Deutung auftauchte, schien sie Miles auch schon wieder gänzlich absurd zu sein. Kurz kamen ihm Bilder seiner Eltern beim Sex in den Kopf. Er hatte sie nie dabei gesehen, jetzt waren die Bilder da, er wollte sie nicht haben. Um sie wegzuschieben, schaltete er den Computer ein und surfte durch die aktuellen Sportmeldungen. Erst die üblichen Berichte, keine Spur von Nummer 9, vom Läufer in Gelb-Schwarz, neue Mutmaßungen über dessen Verschwinden, Kommentare, Links. Nichts Besonderes, diverse Blogs. Aber dann. Traute er seinen Augen nicht. Ein Foto von Lan, noch eins und noch eins, neue Links, mehr Fotos, Lan essend, Lan geschminkt, Lan auf dem WC, Lan im Rollstuhl, die Medaille als Bierdeckel, ein Nudelsieb auf Lans Kopf. Miles klickte alles an, was er finden konnte, mehr und mehr und mehr. Wut stieg in ihm auf, unbändige Wut. Auf Nummer 9, die es auch ohne ihn gut zu haben schien. Die so tat, als sei nichts geschehen. Die auf Fotos herumlungerte wie ein Pubertierender.

Die spottete, über alles, was Miles ausmachte. Diese Fotos hatten viele Copyrights. Und Copylefts, was immer das sein sollte: „Agentur Lan", „Sport ist Mord", „Rollende Läufer", „Lan Gsam". Das Foto mit dem Titel „Spätes Frühstück" zeigte Lan neben einem vollen Aschenbecher und einer leeren Schnapsflasche mit dem Kopf auf einem unaufgeräumten Küchentisch liegend. Andere trugen Titel wie „Laufen sollen andere", „Lana", „Schlicht Gold", „Ohne Sex" und „Schon wieder kein Kakao mehr da". Die Aufnahmen waren erstaunlich gut belichtet. Das fiel Miles auf, der ungezählte Fotos in Medien hatte ertragen müssen, die sein Gesicht zu einer gänzlich dunklen Fläche ohne jede Kontur machten. Die Schnappschüsse waren privat und öffentlich zugleich, eitel, schüchtern, sie strahlten Glück und Unglück aus und vor allem waren sie da. Im Netz. Für alle sichtbar. Wer hatte Lan fotografiert. Wo war der Körper, den Miles unter dem Sportdress gespürt hatte. Er knallte den Computer zu und rief seinen Manager an.

Am nächsten Tag schickten Presseagenturen folgende Meldung aus: Meils.com erstatte Anzeige gegen den Läufer Lan wegen versuchter schwerer Körperverletzung und beantrage wegen groben unsportlichen Verhaltens dessen Sperre für alle weiteren Laufwettbewerbe.

Wie ATA nicht zurückschaut und sich einen neuen Namen gibt

Atas Geburtstag. Das Zwischendeck der MS Galaxie ist festlich geschmückt, der Duft von Atas Lieblingsmenü, orange Suppe, getrockneter Fisch mit Safranreis in Kokossauce, Grieß mit

Kardamom und Nüssen, macht der milden Seeluft Konkurrenz, Geschenke in buntem Papier blitzen hinter Rettungsringen und dicken Tauen hervor. Da niemand, auch Ata selbst nicht, ihr tatsächliches Geburtsdatum weiß, feiert die Besatzung, oder jedenfalls ein Teil der Besatzung, der überhaupt Geburtstage feiert, und davon jene, die dem Kind wohlgesonnen sind, jedes Jahr den Tag, an dem Ata an Bord gefunden worden ist. Die Schätzungen sprechen dafür, dass Ata zehn Jahre alt ist, also ist es ihr zehnter Geburtstag. Sie wird nicht mehr Ata heißen wie ein kleines, unentschiedenes Kind, hat sie sich zur Feier des Tages vorgenommen, sie wird nicht für immer ein Kleiner Kapitän bleiben, außerdem ist die Seefahrt nicht mehr ihr Ding. Das war einmal. Sobald sie diese großen Gedanken denkt, möchte sie die Mütze aus dem Schrank in ihrer Kabine holen und sie sich tief ins Gesicht ziehen. Irgendwo auf der rutschigen Kippe zwischen Kind und Jugendlicher sucht sie, freudig erregt und doch um Gelassenheit bemüht, die Geschenke aus den Verstecken zusammen, einen kleinen Kompass vom Kapitän, ihr altes Stück Fell wie neu, geflickt, gewaschen und gebürstet vom zweiten Offizier, eine Sternbilderkarte und einen Beutel mit noch warmen Pofpof von Ilia aus der Schiffsküche. Die Steuerfrau übergibt dem Geburtstagskind zehn winzige Säckchen. In jedem ist ein anderes Gewürz und in einem feinster Sand. Ovid hängt Ata einen Glücksbringer um den Hals, eine Ölfassminiatur, die er aus Blech geformt und gestreift lackiert hat. Ata schlingt ihre Arme um alle, die ihr zugetan sind, und lässt nur die aus, die all die Jahre über misstrauisch geblieben sind und gefunden haben, ein ungebetener Passagier habe an Bord nichts verloren, man könne das den Hafenbehörden gegenüber nicht geheim halten und werde noch ein blaues Wunder erleben, überdies gehöre ein Kind zu den Eltern, wer und wo immer die auch sein mögen. Im Laufe des Geburtstags steuert die MS Galaxie den nächsten Halt an, Festland, und legt im hell erleuchteten Hafen kurz nach Einbruch der Dunkelheit an. Aus Gründen der Hafenlogistik kann erst in den frühen Morgenstunden des nächsten Tages mit dem Löschen der Fracht begonnen werden. Alle, die die Möglichkeit haben, gehen schlafen, auf Vorrat. Ata darf ausnahmsweise am Zwischendeck übernachten, Geburtstagsprivileg.

~ Wieso schlaft ihr eigentlich nicht mehr zusammen in einer Kabine? ~, fragt sie unvermittelt.

~ Weil er schnarcht ~, antworten ihre Wunschväter gleichzeitig.

Eingekuschelt in Ovids Lieblingsweste schläft sie unter einem klaren Himmel ein. Erst baut sie die Worte und Stimmen in ihren Traum ein, aber dann wird sie wach und hört Ovid und Ilia in einer ungewohnten Tonhöhe miteinander reden:

~ Du kannst ein zehnjähriges Kind nicht ewig dieses Seemannsleben führen lassen ~ Jedes Kind braucht andere Kinder, Schule, hat das Recht auf ein normales Leben ~ Auch unser Kind ~

~ Und wie soll das gehen? Du hast gut reden ~

~ Einer von uns bleibt mit ihr zu Hause ~ Wir wechseln uns ab auf See ~ Oder ich suche mir wieder einen Job an Land ~

~ Aber Ata mag dieses Leben ~ Du kannst ihr das nicht nehmen ~

~ Hör auf, zu träumen ~ Jeder Kleine Kapitän wird einmal groß ~

~ Aber er ist anders als andere Kinder ~

~ Na und ~

Ata beginnt, in sich hineinzuzählen, unhörbar, Zahlenfolgen.

~ Sie heißt Ata, wie Atalanta ~ Und um eine Atalanta muss sich niemand Sorgen machen ~

~ Oh doch, Atalanta wird am Ende der Geschichte, wenn du dich bitte erinnerst, verheiratet gegen ihren Willen, mit Meilanion, der schlussendlich im Wettlauf siegt ~

~ Aber nur, weil die Göttin Aphrodite ihm hilft und goldene Äpfel auf Atalantas Laufbahn wirft, die diese aufhebt ~

~ Das ist ein Mythos, verdammt noch mal ~

Die Zahlen bekommen ein Eigenleben, neue Kombinationen und Reihenfolgen lassen die zunehmend aufgebrachten Stimmen in den Hintergrund treten. Je länger Ata zählt, desto mehr klingt es wie ein interessantes Gespräch, das die beiden führen

~ ... 39 ... 2 ... 7 ... 22 ... 1 ... 9 ... 11 ... 11 ... 11 ... 3015 ... 60 ... ~

~ Unter anderem diese alten Mythen bilden das Fundament einer zutiefst menschenfeindlichen Geschlechter- und sonstigen Ordnung ~

~ Wie oft sollen wir noch die Mythen rauf und runter diskutieren ~

~ Anstatt froh zu sein, dass Ata sich zum Beispiel fragt, wieso Leute Länder entdecken können, die es schon längst gibt, sich also auf ihre kindliche Weise mit den Folgen von Mythenbildung und Kolonialismus beschäftigt, schwärmst du mit ihr für Atalanta um die Wette ~

~ Sei nicht so knochentrocken realistisch ~ Und politisier mich nicht an ~ Denk dir einfach den Schluss der Erzählung weg, Atalanta ist eine großartige Figur, sie hängt alle ab, sie ist hip, stark, schnell, mutig, sie unterdrückt und erobert niemand, ich lese und verstehe sie erst durch Ata richtig, und nicht zuletzt hat sie Ata zum Sprechen gebracht ~

~ Wach auf ~ Ein Kind ist keine Fabelfigur ~ Unser Kind ist echt, übernimm Verantwortung ~

~ Ata ist nicht unser Kind ~

Ata öffnet die Augen einen winzigen Spalt und sieht Sterne.

Zu den Zahlen kommen Sterne hinzu. Für jedes Mal, wenn die beiden von ihr sprechen, gibt es einen Stern, dann klingt es nicht nach Streit.

~ Ach nein? Was ist Ata* denn? Wer sorgt denn für Ata*, wer bringt ihr Rechnen und Schreiben bei, wer macht ihr Wadenwickel, wenn das Fieber kommt? Natürlich ist Ata* unser Kind ~

~ Nirgendwo auf der Welt bekommen wir, als in keinster Weise verwandtes, nicht verheiratetes Schwulenpaar, das Sorgerecht für ein Kind, dessen Name und Herkunft unbekannt sind ~

~ Mich interessieren keine Paragraphen ~

~ Träumer! Werd erwachsen und stell deine Füße auf den Boden, wenn du einem Kind Halt geben willst ~

~ Niemand kann Ata* zwingen, ihre Pubertät unter lauter Erwachsenen auf einem Frachtschiff zu verbringen ~ Noch dazu in einem so verschleißenden System ~ Das ist nicht gut, für niemanden, und schon gar nicht für Heranwachsende ~

~ Bemüh nicht die ganze Schlechtigkeit der Welt ~

~ Ata* braucht andere Jugendliche, um groß zu werden ~

~ Gibt es doch, einige der Schiffsjungen sind selber fast noch Kinder ~

~ Zyniker ~

Zahlen, **Sterne, alles dreht sich. Wenn sie nur endlich aufhören würden. Einmal Ata* für Ovid und einmal Ata* für Ilia, zweimal Ata*, damit sie nicht streiten müssen. Ata Ata, doppelt, kein Kind heißt so, wieso erkennen die beiden *Stern, ihr Kind, denn nicht.

~ *Stern kann dem erstbesten Hafenpolizisten sagen, wir hätten *Stern entführt, und dann ist es aus mit Papa-Sein ~

~ Warum sollte *Stern das tun? ~

~ Ich erinnere dich nur an die Rechtslage, du weigerst dich, die Realität zu sehen ~

~ Danke, das werfe ich an sich dir vor ~ *Stern braucht uns ~

Ata zählt eisern weiter, *Stern hin, *Stern her, jede Zahl doppelt.

~ Du hast dich auch dazu entschieden, für *Stern da zu sein ~

~ Und ich würde es jederzeit wieder tun ~ Aber mach deine salzverklebten Augen endlich auf ~ Dann siehst du, dass der Kleine Kapitän nicht mehr klein ist, dass es ihn nicht mehr gibt ~

~ Du hast keine Ahnung von Kindern ~

~ DU hast keine Ahnung ~

~ Ich ziehe es vor, von goldenen Äpfeln und einer starken Bärin zu erzählen, anstatt das Kind mit der Geschichte von Sklaverei und Ausbeutung zu ängstigen, in der Tat ~

~ Goldene Äpfel, was für ein Kitsch ~ Schau ihn dir doch an, der Kleine Kapitän möchte die Welt von oben sehen, keinen Kinderteller mehr bestellen, *Stern trägt die Wollmütze nicht mehr, und die Haare länger, sogar eingeflochtene Zöpfe, siehst du das denn nicht? Oder willst du das nicht sehen? ~

~ Nicht so laut, sonst wacht *Stern auf ~ Und was hast du gegen Kinderteller? ~

~ Du weißt ja nicht mehr, wer du eigentlich bist ~ Vergiss doch für die Stunden, in denen *Stern schläft, Ovid und Ilia und erinnere dich daran, wer wir sind ~

Wenn sich endlich ein Loch in den Planken auftäte.

~ Wir sollten schlafen und ein anderes Mal weiterreden ~

~ Ich schlafe hier ~

~ Ich trage *Stern in ihr Bett ~

~ Nein, du lässt *Stern hier schlafen ~ Und mich auch ~

~ Ovid ~

~ Ich heiße nicht Ovid ~

Eine Schicht aus uraltem Kleinkindschmerz legt sich auf Atas Ohren. Sie hört nichts mehr. Und schließt die Augen wieder, sperrt die Sterne aus.

Als Ovid irgendwann eingeschlafen ist, dreht Ata sich leise aus seiner Daunenweste heraus. Wie ferngesteuert packt sie ihre Geburtstagsgeschenke in den Beutel zu den süßen Bällchen, zieht ihre Schuhe an und rennt vom Zwischendeck backbord über den Landungssteg von Bord. Niemand ruft nach ihr, niemand hält sie zurück. Würde sie zurückschauen und den zerknirschten Ilia sehen, der bereits den Fisch für das Frühstück salzt, oder die Steuerfrau und all die vielen vertrauten, vom Wind und dem Salz gegerbten Gesichter, die sich gerade jetzt die letzten Stunden Schlaf vor einem neuen Tag gönnen, oder Ovid, der sich unruhig von einer Seite auf die andere wirft, nicht wach, nicht schlafend, drehte sie womöglich um und bliebe für immer auf ihrem Schiff. Aber sie läuft, den Beutel über die Schulter gehängt, in den Händen ihr Fell, geradewegs in den Hafen von Festland hinein. Ein zehnjähriges Mädchen mit einem ausgeprägten Seemannsgang, in einem tomatenroten Cordrock bis knapp oberhalb der Knie, einem gelben T-Shirt mit kurzen Ärmeln und glitzernden Steinchen auf Bauchhöhe. Verspielte Eleganz und dazu uralte, ausgebleichte Turnschuhe. In den dunklen Haaren ein gelbes Tuch. Kaum auf dem Hafengelände, wird sie von einer Uniform aufgegriffen, in die Ankunftshalle IX gebracht und dort einer weiteren Uniform übergeben. „Name? Du? Wie heißt du? Name!" Die Uniform zeigt auf sie.

„Atalanta." Die das sagt, ist kein Papagei, sondern Ata selbst.

Die Uniform kann nicht wissen, dass das ein neuer Name für das Mädchen ist, dass sie erst ab jetzt so heißt, dass von nun an alles anders sein wird. „Atalanta? Und weiter?"

Einige Brocken Festländisch hat Ata von einem Mechaniker an Bord gelernt, die wendet sie jetzt, flüchtig zusammengestellt, an: „Atalanta hat feste Eindrücke auf mir hinterlassen, sie läuft am schnellsten Kopf über Rest hinterher allen anderen davon los."

„Wo ist deine Mutter? Mutter. Mama. Deine Mami, Mutti? Wo?"

„Klymene."

„Aha, also, geht doch. Vater? Papi?"

„Iasos."

Die Uniform weiß nicht, dass Klymene und Iasos Atalantas Mytheneltern sind, und fragt weiter, aber von diesem Kind ist kein Nachname zu eruieren. Atalanta spricht so Festländisch, wie sie es eben kann: „Niemand läuft ganz holprig los oder auf Video. Wollen Sie erhellende Abdrücke auf mir musterhaft stempeln?" Die Uniform schaut sie ratlos an.

„So viel lose Hochspannung geht mir auf den Sack, auch obwohl und ich keinen hab." Atalanta erschrickt über sich selbst. Das klingt eher nach dem Kleinen Kapitän als nach ihr. Und wo sind die Papageien. Auf ihrem Bett an Bord der MS Galaxie. Sie würden sicher Zoll! Zoll! Voll! Zoll! Keyboard Ecke Packpapier! Buddha! Bügeln! rufen. In einem Wortschwall redet sie weiter: „Wissen Sie schon vor, Atalanta promeniert berühmt auf Festland kennen sie alle aus und Ovid erzählt ihre Sichtweise am besten nach, Atalanta ist ein verlängerter Name von zweifach Ata Ata, was das sein soll, ei ei ei zweimal Papagei gedellt und entformt aus Plastik und aus Stoff ausgewrungen und alle galaktisch vergessen." Atalantas Gegenüber versteht kein Wort. Das Kind wird zur Seite geschoben. Andere Einreisende bewegen sich in einer Schlange auf das Glashaus zu, in dem zwei weitere Uniformen Pässe stempeln. Atalanta muss aufs WC, tippelt von einem Fuß auf den anderen, beginnt, Muster zu gehen. Sie setzt die Füße genau in die Mitte der

Fußbodenplatten, zählt die Platten, geht in rechten Winkeln, zwischen den Leuten hindurch, und wieder zurück. Als eine lautstarke Auseinandersetzung zwischen den Uniformen und einer Reisenden vor der Glasscheibe die allgemeine Aufmerksamkeit auf sich zieht, verlässt Atalanta kurzerhand die Halle durch die Tür, durch die sie hereingekommen ist. Sie läuft kreuz und quer über das Hafengelände, bis sie vor einem Parkhaus Menschen in einen Bus einsteigen sieht. Auch die aufgebrachte Reisende ist unter ihnen. Atalanta gesellt sich dazu, als sei sie immer schon dabei gewesen. Sie sitzt am Gang neben der Frau, legt die Lippen aufeinander, bewegt sie hin und her, fährt mit Daumen und Zeigefinger der rechten Hand in die Mundwinkel.

Der Bus fährt über das weiträumige Hafengelände, passiert zwei Schranken, an denen Uniformen mit anderen Uniformen Papiere austauschen, und fädelt sich dann in den fließenden Verkehr auf einer Autobahn ein. Wälder, Landgasthöfe, noch mehr Wälder, Parkplätze, ein Kraftwerk, Felder ziehen vorbei. Dreimal gibt es eine WC-Pause, einmal verteilen die Uniformen eingepackte Sandwiches und Halbliter-Wasserflaschen an alle. Das letzte Stück der Fahrt führt auf einer Landstraße durch einige kleine Ortschaften und schließlich durch ein Waldstück, bevor der Bus an langen Reihen von Containern entlangfährt, die auf einem ehemaligen Truppenübungsplatz stehen. Atalanta kennt Container vom Frachtschiff, aber sie hat noch nie gesehen, dass Menschen darin wohnen oder Büros darin eingerichtet sind. Das soll Festland sein. Hier leben die Menschen offenbar in Containern. Eine Uniform händigt Atalanta ein Sanitärset aus, Zahnbürste, Zahnpasta, Handtuch, Duschgel, und zeigt ihr, wo sie wohnen wird. Drei Mädchen, mindestens sechzehn Jahre alt, die in einer ihr unbekannten Sprache sprechen, teilen den Container mit Atalanta. Außer zwei Stockbetten, die hintereinander an der einen Containerwand stehen, gibt es vier schmale, hohe Spinde an der gegenüberliegenden Wand, zwei Stühle und einen winzigen Tisch neben der Tür. Zwischen Betten und Spinden ist ein Gang. Gegenüber der Tür, an der anderen schmalen Seite, ist ein Fenster, das die Sicht auf andere Container freigibt. Es riecht nach Lösungsmitteln. Die Bettwäsche ist auf allen vier Betten gleich gemustert, auf den Spindtüren hängen Fotos, Tickets, Postkarten. Betten und Spinde sind nummeriert, 1 bis 4, Atalanta hat die Nummer 2, das heißt, ein oberes Bett und den zweiten Spind. Aber weder Bett noch Spind sind frei. Missmutig räumen die jugendlichen Mädchen ihre Sachen von Bett 2, das sie als zusätzlichen Stauraum verwendet haben, und verteilen sie auf die Stühle und den Tisch. Spind 2 räumen sie nicht. Auch sonst nehmen sie keinerlei Notiz von der Neuen.

In ihrer ersten Nacht in der Containerstadt liegt Atalanta auf Bett Nummer 2 und ihre Träume von einem normalen Kinderleben mit Schule und Freund_innen zerplatzen. Sie nimmt das Ölfässchen in die Hand. Sie wird sich nicht unterkriegen lassen, sie nicht. Sie denkt an ihre Namensgeberin und daran, dass sie sich in einem Container befindet, der eine Wohnung sein soll, aber jedenfalls nicht ausgesetzt ist, und dass sie zu trinken bekommen hat und nicht von einer Bärin. Sie fischt aus ihrem Beutel, den sie mit aufs Bett genommen hat, die süßen Teigbällchen, isst Biss für Biss eins nach dem anderen langsam auf. Auf dem Kompass kann sie in der Dunkelheit nicht genug erkennen, um festzustellen, in welche Richtung der Bus sie gebracht hat. Sie riecht an den Minisäckchen und rät die Gewürze. Dann steht sie noch einmal auf, ganz leise, um die anderen nicht zu wecken, zieht ihre Schuhe an und geht in den Waschraum-Container. Als sie sich die Zähne putzt, fällt ihr Blick in einen großen, etwas fleckigen Spiegel neben der Tür. Das Licht, das in den Sanitärcontainern immer brennt, ist nicht besonders hell, aber es reicht aus, um sich selbst betrachten zu können. Sie stellt sich weiter weg vom Spiegel und sieht sich ganz. Sie versucht, jeden einzelnen Muskel, den sie bewusst ansteuern kann, zu bewegen und diese Bewegung im Spiegel zu sehen. Sie unterscheidet glasklar Muskeln, die sie zum Rennen brauchen wird, die sich aufbauen werden, wenn sie ihrem Namen und Atalanta, der fantastischen Läuferin, gerecht werden will. Und Muskeln, die sie braucht, um die Müdigkeit abzuschütteln, die ihr nach dem Weglaufen von ihren Vätern und allen Vertrauten in den Gliedern steckt. Und Muskeln, die sie braucht, um aus dem Stand zu springen, wenn nötig. Einen genussvollen Moment lang berauscht sie sich an der Vorstellung, groß zu sein und berühmt, Atalanta Läuferin. Mit festem Blick auf sich selbst im Spiegel formuliert sie die ersten Sätze, mit denen sie am nächsten Morgen in der Containerstadt versuchen wird, sich verständlich zu machen: „Ich bin Atalanta, vom Frachter aus gegen das feste Land verschifft. Meine Eltern sind keine wirklichen, aber wenn ich nicht darauf herumdenke, vergisst es sich in mir wie doppelte Väter. Ich stehe zugehörig miteinander, aber meiner Nase nach, allein im Leben herum. Hier in Festland bin ich fremd angelegt. Ich meine, ich werde unerhört, wenn ich nicht weiß und neu ausspreche, so gut es mir geht. Hier gefällt mir vielleicht gibt es später auch für mich ein und alles aus zu kaufen." Erfüllt mit neuer Hoffnung klettert sie zurück in das Bett, horcht noch eine Weile auf den Atem der drei Großen. Sie hätte gerne ihre Wollmütze bei sich, nur so, für alle Fälle, wer weiß, wie kalt es auf Festland wird. Ovid wird die Mütze finden, im Schrank in ihrer Kabine an Bord, und mitbringen. Wenn

er und Ilia kommen, um sie abzuholen. Ilia wird die Sternbilderkarte mitbringen und an die Tür von Spind 2 hängen. Über diesen
Gedanken schläft sie ein.

ICH überlegte, mich in einer Zeitungs- oder Radioredaktion oder
einem Internetportal zu melden. Wenn ich behauptete, ich sei
Lan, der Sieger über 100 Meter, würde mir allerdings niemand
glauben. Sie würden wissen wollen, wo mein Gelb-Schwarz geblieben war, wieso ich dem Silbermedaillengewinner vor die
Brust gesprungen und dann weggelaufen war, und sie würden
die Goldmedaille sehen wollen. Wenn ich zur Polizei ginge, würden sie mich erkennungsdienstlich behandeln, sie würden meine
Fingerabdrücke nehmen, mich abtasten, mich womöglich zwingen, mich auszuziehen. Das kam nicht infrage. Ich hatte nie darüber nachgedacht, was geschehen würde, wenn jemand erführe,
was Miles entdeckt hatte. Schon als Kind hatte mich die Vorstellung vom Busen, den ich einmal haben würde, gestört. Erst legte
ich vorsorglich das kleine Fell über meine Brust und band es unter
meinem Unterhemd fest. Aber das wurde bald zu heiß, also wickelte ich Baumwollstreifen, die ich an Bord der MS Galaxie unter den Putzfetzen fand oder die ich aus alten Hemden von Ovid
und Ilia riss, rund um meinen Brustkorb. Ovid sprach mich mehrmals darauf an, aber irgendwann ließ er mich in Ruhe und legte
mir fortan frische Stoffstreifen in meinen Schrank. Als mein Busen
doch zu wachsen begann, nach meiner Ankunft auf Eiland mit
knapp zwölf Jahren, aber das war eine andere Geschichte, behielt
ich das Abbinden bei. Experimentierte mit Streifen aus dehnbare-
rem Stoff und entdeckte schließlich elastischen Verband, mit dem

gestauchte Gelenke eingebunden wurden. Damit legte ich einen Stützverband um meinen Brustkorb, um zu garantieren, dass ich flachbrüstig wie ein Junge bliebe. Trotzdem wollte ich auch ein Mädchen sein und so kam mir der Umstand, dass ich kein Glied hatte, sehr entgegen. Auch, als ich Lan wurde und als dieser auf ein Sportinternat ging. Und auch, als ich Landesmeister wurde und mich als eiländischer Teilnehmer für die Spiele qualifizierte. Und jetzt sollte durch ein kleines weißes Ding, das kein Lippenstift und in die falschen Hände geraten war, plötzlich alles kompliziert sein. Ich wollte das nicht akzeptieren. Das erste Mal in meinem Läuferleben hatte ich alles geben müssen. War gerannt wie nie zuvor, war lange gleichauf mit Miles gelegen, hatte Reserven mobilisiert, von denen ich nicht gewusst hatte, dass es sie in mir gab. Ein neues Gefühl, ein Rausch, ich, ganz und gar. Wie viele Jahre hatte ich nicht das Tempo gedrosselt, Kraftreserven ungenutzt liegen lassen, um meinen Mitschülerinnen und Trainingspartnern nicht davonzulaufen. Ich wollte sie nicht demütigen, ich wollte einer von ihnen sein. Der ich nie war, in fast keiner Hinsicht. Meine Trainerin und alle im Internat wussten, dass ich schnell war, aber nicht, wie schnell. Sie wussten nur, dass ich ein Ausnahmeläufer war. Sie hatten mit eiländischen Maßstäben gemessen und da war ich vorn gewesen. Aber hinter meinen Möglichkeiten. Keine tröstenden Worte wären mir eingefallen für die anderen, die alles gegeben und doch nicht die Spur einer Chance gehabt hatten. Was hätte ich sagen sollen. Dass sie am nächsten Tag gewinnen würden. Ich hatte gewusst, jeder Tag würde meiner sein, jedenfalls in Sachen Laufzeit. Ein ganzes Sportinternat, eine kleine eiländische Leichtathletikgruppe hätte ich in die Sinnlosigkeit laufen können. Bald wären Bewunderung und Anerkennung für mich umgeschlagen in Hass oder Verachtung. Lan lebt nur in den Beinen. Aber zwischen den Beinen Ebbe. Oder so. Lieber war ich mit angezogener Handbremse gelaufen. Nach dem Training, nach jedem Wettlauf schier endlose Runden auf der Laufbahn, um nicht gemeinsam mit den anderen duschen zu müssen. So schon Sonderling der Gruppe. Wo nimmt Lan die Kondition her, noch zig Runden zu laufen. Als komische Angewohnheit hatten sie mir das gelassen. Irgendwann hatten alle gewusst, dass ich immer noch weiter lief. Sie hatten nicht gewusst, dass diese einsamen Extrarunden ein bloßes Duschvermeidungsmittel gewesen waren.

Wenn du allen weglaufen konntest, warst du sicher. Aber allein. Unangreifbar. Sie wussten, sie kriegten mich nicht. Also machte ich mich angreifbar in Trainingsläufen. Gab vor, bei Sprints der anderen überrascht worden zu sein oder taktische Lauffehler gemacht zu haben. Übte mich im Aufdrehen und Zurückfallenlassen, in kraftraubenden Tempowechseln. Wenn Füße und Beine sich langweilen könnten, hätten meine es getan, sie hätten gegähnt. Ich zählte, versuchte im Laufen, Summen zu bilden aus den rhythmisch gedachten Zahlen. Schafe wie beim Einschlafen zählte ich, addierte, subtrahierte, multiplizierte, dividierte, Schafe durch Schafe, Wolle durch Baumwolle, manche Zahlen wiederholte ich immer und immer wieder, wie ein Papagei.

Nach all den gebremsten Jahren Miles neben mir. Keine Zeit für Zahlen, kein Rechnen, nur rennen. Den Atem aus der Tiefe heraufstoßen, den Boden als Rampe unter den Füßen spüren, das erste Mal während eines Rennens erinnert werden an die Grenzen meiner Möglichkeiten. Miles' hormonellen Vorsprung ausgleichen durch jahrelang angesammelte Reserven. Alle hatte ich aufgebraucht in diesem Rennen. Alles hatte ich gegeben. Alles von mir, mich ganz auf die Laufbahn geworfen im vollen Stadion. Und war glücklich gewesen, überglücklich. Hatte über keine tröstenden Worte und bescheidenen Relativierungen meines Vorsprungs nachdenken müssen, weil ich gewusst hatte, dass ich alles gab. Miles mochte ein eingebildeter Pinsel sein, dieses Glücksgefühl würde ich ihm nie vergessen. Ein Gegenüber, eine Augenhöhe. Einer, der alles von mir forderte und wollte. Er fehlte mir. Er, der der Grund war, warum ich nicht in meinem Hotelzimmer sein und mich mental auf den 200-Meter-Lauf vorbereiten konnte, wie geplant, er fehlte mir. Ausgerechnet er. Der Läufer in ihm. Nur der Läufer. Ich hatte keine Angst mehr, dass er mich verraten würde. Nie im Leben würde er zugeben, von einer Person geschlagen worden zu sein, die kein Glied zwischen den Beinen hatte. So wie er mich angegriffen hatte, voller Gewalt und Verachtung, würde er sich keine öffentliche Blöße geben. Dessen war ich mir inzwischen sicher. Wie aber konnte ich mir zurückholen, was ich durch mein Weglaufen verloren hatte. Ich befand mich mitten in Festland, dem Land meines größten Erfolges und meiner größten Niederlage, aber das war eine andere Geschichte, hatte Hunger, Blasen von den Schuhen, die mir nicht ganz passten. Irgendetwas musste ich unternehmen. Ich würde in die Hauptstadt zurückkehren. Wenigstens das, beschloss ich, wenigstens das, und lief los.

Mit endlich eingeschmierten Lippen legte ich auf einer Parkbank vor dem Drogeriemarkt, in dem ich flüchtig Lippenbalsam und Make-up aufgetragen hatte, eine Pause ein. Zwei Leute setzten sich zu mir auf die Bank. Ein Stück entfernt mir gegenüber standen zwei weitere Personen, Blick auf mich gerichtet, Rücken an das Geländer eines eingezäunten Parkplatzes gelehnt, beide mit einem Telefon in der Hand. Eine Frau mit einem altmodischen Kinderwagen wartete rechts von mir. In dem Kinderwagen konnte

ich kein Baby sehen. Ich überlegte, ob es zwischen den schein-
bar zufällig herumstehenden Menschen einen Zusammenhang
gab. Es wurde eng, es wurde ungemütlich. Sonst war nicht viel
los auf dem kleinen Platz. Aus den Seitenstraßen war ungeduldi-
ges Hupen zu hören. Fieberhaft überlegte ich, ob ich aufspringen
und wegrennen sollte. Die beiden neben mir klickten sich durch
Fotos durch. Vielleicht Schnappschüsse vom letzten Urlaub. Oder
aber Fotos von mir, in Schwarz-Gelb. Womöglich verglichen sie
ihre Fotos mit mir. Jetzt, hier. Prämie für einen Hinweis auf den
weggelaufenen Gewinner. Wer würde für mich zahlen, und wie
viel. Mein Herz schlug schnell, die Muskeln waren angespannt.
Und dann wollte es aus mir herausplappern, aber meine Stimme
versagte. Ich stand auf, schaute den beiden neben mir geradewegs in die Augen, bewegte meine Lippen, gestikulierte, aber
nur, um nach endlosen Sekunden stummen Herumfuchtelns
nichts als „… ein supermarkt … 3 … 4 …" herauszubekommen. Sie
schauten irritiert hinüber zu den beiden am Geländer, die inzwischen hastig telefonierten. Ich sprang auf die Bank und von dort
die Frau mit dem Kinderwagen an. Sie konnte sich nicht halten,
ließ den Kinderwagen los und stürzte rücklings auf den Boden.
Die zwei neben mir standen inzwischen auch und riefen laut etwas, was ich nicht verstand. Der einen schob ich den Kinderwagen vor den Bauch, so fest, dass sie in die Knie ging, einknickte.
Dann sprang ich aus dem Stand den anderen an wie zuvor die
Kinderwagenfrau. Auch er fiel von der Wucht des Aufpralls um.
Bevor alle drei wieder auf den Füßen waren, lief ich auf die zwei
mit den Telefonen zu. Beide wichen zur Seite, ich sprang über das
Geländer, drehte ab nach rechts und rannte innen den Parkplatz
entlang. Die beiden versuchten vielleicht noch, ein Foto von mir
zu machen, wenigstens von hinten, vielleicht wandten sie sich

der Kinderwagenfrau zu oder riefen irgendwen an. Ich konnte es nicht sehen. Ich war längst fort, der Parkplatz lag schon hinter mir, rannte die Einkaufsstraße entlang, durch Menschentrauben, quer durch Gastgärten, an Eisständen vorbei, aus dem Ort hinaus und holte erst Luft, als ich eine Autobahnauffahrt Richtung Hauptstadt erreicht hatte. Die Fahrerin eines gelben Kleinbusses nahm mich, verschwitzt, in einem Stilmix aus hastig zusammengerafften Kleidungsstücken, mit. Sie teilte ihren Reiseproviant mit mir, schaltete das Radio ein, sodass ich nicht reden musste.

So konnte es nicht weitergehen. Irgendwelche Leute angreifen. Sprungattacken. Kinderwägen als Bollwerk verwenden. Ich versuchte mit geschlossenen Augen zu rekonstruieren, ob nun ein Baby in dem Kinderwagen gelegen hatte oder nicht. Es gelang mir nicht. Noch wusste ich, ob jemand verletzt war. Und falls ja, wie schwer. Meine Beine zitterten. Ich starrte aus dem Fenster. Mir fiel auf, wie weiß dieses Land war. Nicht die Menschen, die waren alles, aber das Land. Der Atem dieses Landes. Nach weniger als einer Stunde Fahrtzeit erreichten wir die Hauptstadt. In der Nähe des Bahnhofs stieg ich aus.

ES verbreitete sich wie ein Lauffeuer an Bord des Frachtschiffes, der schnellste Läufer der Welt war der Kleine Kapitän. Sektkorken knallten, Augen wurden feucht. Erinnerungen an das Kleinkind, das verloren im Laderaum zwischen Paletten voller Kartons gefunden worden und dessen Identität nicht festzustellen gewesen war, wurden ausgetauscht. Der Finder des Kindes, einer der Schiffsmechaniker, gab einmal mehr zum Besten, wie ihn im Laderaum etwas angesprungen hatte, ein menschliches Geschoss, aus dem Nichts, mit einer Wucht, die eher einem Raubtier, das sein Revier und Junge verteidigte, zuzutrauen war als einem dreijährigen Kind. Im ersten Moment habe es sich angefühlt, als sei mindestens eine Rippe gebrochen. Schon da habe er gewusst, dass das kein Kind wie andere war. Schon damals, unter Deck im Laderaum. Keine erwachsene Person habe ihm jemals solche Angst eingejagt. Andere wollten immer schon gewusst haben, dass Ata weder Junge noch Mädchen war. Tagelange Diskussionen darüber, ob dieses Kind den Behörden hätte übergeben werden sollen, wurden wach. Eine kurze Rede auf den großen Kleinen Kapitän und seinen Ausnahmeerfolg wurde gehalten. Eines Tages werde man ihn wiedersehen und zu einer Erinnerungsfahrt an Bord der MS Galaxie einladen, dieses Versprechen gaben einander die stolzen Besatzungsmitglieder. Kurz nach den Feierlichkeiten sah man von Weitem backbord ein überdimensionales Transparent im Wind flattern, auf dem in gesprühten Lackbuchstaben zu lesen stand:

~ ~ ~ schnell schneller ~ ATA_LAN ~ unser kleiner kapitän ~ ~ ~

Die beiden Besatzungsmitglieder, die Ata als inoffizielles Pflegekind bei sich aufgenommen und auch an Bord der MS Galaxie jahrelang für sie gesorgt hatten, waren zum Zeitpunkt des großen Erfolges schon lange Jahre nicht mehr Teil der Crew. Als ihr Kind in der zehnten Geburtstagsnacht von der MS Galaxie weggelaufen war, hatten sie versucht, nach Festland einzureisen und das Kind zu suchen. Aber sie hatten keine Visa für Festland gehabt und waren keinen Zentimeter weit hinter den Glaskasten mit den Uniformen vorgelassen worden. Ein erbitterter Streit hatte sich zwischen den verzweifelten Vätern entladen, nicht nur als Fortsetzung der nächtlichen Auseinandersetzung an Deck, sondern vor allem, weil sie über das weitere Vorgehen uneins waren.

Ovid wollte um jeden Preis an Festland bleiben und notfalls monatelang in einem Erstaufnahmezentrum auf die Einreiseerlaubnis warten. Ilia lehnte diese Aussicht vehement ab und plädierte dafür, von zu Hause aus in Ruhe alle notwendigen Behördenwege, einen nach dem anderen, zu durchlaufen. Jeder meinte, der eigene Vorschlag sei aussichtsreicher, und als keine gemeinsame Lösung in Sicht war, gaben sie einander die Schuld für Atas Verschwinden. Als Ilia zudem in Panik verfiel angesichts der Möglichkeit, dass das Kind womöglich gar nicht an Land, sondern über Bord gegangen und ertrunken sein könnte, forderte eine der Uniformen Verstärkung an. Drei weitere Uniformen kamen und drohten den beiden Männern mit Festnahme, sollten sie weiter den gesamten Einreisebereich IX mit ihrem Streit und Lärm stören. Einreise!!!, höhnte Ilia, Einreise! Einreise! Welche Einreise! Ein! Ein! Ein! Einreise! Reise! Reise! Die Uniformen schüttelten die Köpfe, sie hatten schon vieles gesehen, aber ein erwachsener Mann, der wie ein Papagei laut vor sich hin schnarrte, war ihnen neu. Als sie sahen, dass der andere Reisende Fotos aus seiner Brieftasche nahm, fuhren sie in ihrem Ton einen Gang herunter und erkundigten sich, was genau das Problem sei. Ilia ließ nicht ab von seinen Wiederholungen, in die er noch Wachhunde! Wachhunde! Festlandwachhunde! Pofpof! Wau! Wau! einbaute, während Ovid die Situation schilderte und Fotos von Ata herzeigte. Den Uniformen im Glaskasten wurden die Fotos gezeigt und sie erinnerten sich sofort an das lästige Kind, das auf sie eingeredet hatte und das sie unerklärlicherweise aus den Augen verloren hatten. Natürlich hatten sie geglaubt, das Kind sei zu den Eltern zurück. Kein Wort verstanden. Nur Atalanta, unbekannter Name. Ovid bedankte sich, überwältigt von der Erleichterung, dass Ata nicht ertrunken war. Es machte ihn schmunzeln, dass Ata sich ganz offensichtlich als Atalanta vorgestellt hatte. Er und Ilia schalteten den Kapitän ein und sogar noch den festländischen Mechaniker, von dem sie erst bei dieser Gelegenheit erfuhren, dass dies sein Herkunftshafen war. Alle versuchten alles. Aber Festland blieb seinem Namen treu und bewegte sich behördentechnisch keinen Millimeter.

Auf Ovids Bitte hin, ihn beziehungsweise den Kapitän zu benachrichtigen, wenn das Kind im tomatenroten Rock auftauche, Fotos legte er bei, begannen erst recht endlose Fragereien. Rechtmäßiger Vater? Wer? Warum? Nur wenn zweifelsfrei. Da könnte jeder kommen. Ilia zog seinen Lebensgefährten schließlich fort von dort, wo es immer tiefer in die Machtlosigkeit hineinging, und Ovid wehrte sich nicht. Sie gingen zurück an Bord, wo einige Hände ihnen auf die Schultern klopften. Die MS Galaxie stach in See.

Natürlich war ihr Kind in der Containerstadt gefunden und gründlichst registriert worden, Atalanta, Nachname unbekannt, Herkunft unbekannt, Eltern unbekannt, lediglich Vornamen, Klymene und Iasos, Muttersprache unklar. Aber niemand benachrichtigte den Kapitän der MS Galaxie und seine beiden Besatzungsmitglieder, den Ingenieur und den Koch. Warum auch. Wer waren sie schon.

ES war zu einem Zeitpunkt, als niemand mehr wirklich damit rechnete, dass Lan auftauchen oder gefunden werden würde, einige Tage nach dem großen Lauf, da meldete er sich per Videobotschaft, die einem festländischen Privatsender zugespielt worden war. Im gelben Lauftrikot, der schwarzen Hose, den schwarzen markenlosen Schuhen, dem gelben Stirnband und mit der Startnummer 9. Er trug eine Sonnenbrille und eine schwarze Samthaube, unter der das gelbe Stirnband hervorblitzte, hielt die Goldmedaille ins Bild und sagte: „Ich fordere Miles zu einem neuerlichen Lauf heraus. Im Falle meiner Niederlage erkläre ich hiermit, die Laufschuhe an den Nagel zu hängen und mich für immer vom Leistungssport zu verabschieden. Sollte ich aber Miles erneut schlagen, muss er die Anzeige gegen mich zurückziehen." Lan sagte das so klar und selbstbewusst, als wäre es die naheliegendste Sache der Welt. Er stand in einem Flur mit einer hohen Decke, über ihm, gerade noch im Bildausschnitt, eine nackte Birne an einem langen Kabel, im Hintergrund links und rechts Zimmertüren. Lan forderte Miles auf, sich zu der Herausforderung ebenfalls öffentlich zu äußern und, im Falle einer Einwilligung, selbst Zeit und Ort festzulegen, jedenfalls aber binnen zwei Wochen an einem öffentlichen Platz in der Hauptstadt. Kein Stadion. Es folgten vier eidesstattliche Erklärungen, unter einer Chiffre in der Programmdirektion des Privatsenders hinterlegt, zum Verzicht auf mögliche Werbeeinnahmen, zum möglichen Rücktritt, zum garantierten Antritt, zum gegebenenfalls gemeinsamen Auftritt.

Vermutungen über alle Arten vom Ausgang des Laufs wurden online schon wenige Minuten nach Ausstrahlung der Videobotschaft auf den sozialen Netzwerken angestellt: Miles und Lan würden heiraten, Miles würde seine Laufschuhe essen, sein Vermögen in Form von Geldscheinen aus Hubschraubern abwerfen, in eine Hundehütte ziehen. Lan würde seine Medaille online versteigern, Gold scheißen, eine neue Kampfsprungdisziplin in die Leichtathletik einführen, weiß gesprochen oder nächster Papst werden. Vorschläge für öffentliche Lauforte überschlugen sich: ein Stück Autobahn, Flughafenlaufband in umgekehrter Richtung, der Vorgarten einer stadtbekannten Villa. Erste T-Shirts fanden reißenden Absatz, sie zeigten Lan, der eine Prinzessin mit der Startnummer 4 über die Ziellinie trug. Cartoons, auf denen Miles einen Frosch küsste, machten im Internet die Runde. Schwulenverbände setzten Partys an. Aktivistische Gruppen forderten den Einsatz der Werbeeinnahmen zugunsten von ziellosen Jugendlichen, damit sie länger ziellos bleiben konnten. Schwarz und Gelb waren die Farben der Stunde. Miles&Lan-Fanclubs schossen aus dem Boden. Ein neues Medienpaar war gekürt.

Wie ATALANTA mit Joghurt auf den Asphalt geschrieben steht

Atalanta steckt im Schwitzkasten eines Jugendlichen fest. Er drückt ihren Kopf Richtung Boden. Zwei der drei Mädchen aus ihrem Container drehen ihr die Hände auf den Rücken.

Ungefähr zwanzig jüngere Kinder aus verschiedenen Containern halten den Atem an. Ein zweiter Jugendlicher zieht kleine Joghurtbecher hinter dem Gürtel von Atalantas rotem Cordrock hervor, wo sie Becher neben Becher rundherum eingeklemmt hat. „Fruchtzwerg, Fruchtzwerg", spotten die Jugendlichen, dann lassen sie sie los. Atalanta richtet sich auf und geht. Ein Becher trifft sie auf dem Rücken, noch einer, einer fliegt knapp an ihr vorbei. Sie beschleunigt ihr Tempo nicht. Ein Becher zerplatzt auf ihrer hinteren Rocktasche, Fruchtjoghurt läuft ihr die Waden entlang. Ein weiterer trifft den Hinterkopf, der Becherrand schneidet in die Kopfhaut, es brennt, Joghurt läuft in die Haare.

Atalanta greift nicht hin. Rosa gesprenkelt, klebrig beworfen, das Gelächter der Jugendlichen im Ohr, dreht sie sich plötzlich um, läuft zurück, auf die Jugendlichen zu, steuert den an, der sie im Schwitzkasten gehalten hat, und springt ihn an, frontal, mit angezogenen Beinen. Der Jugendliche fällt auf der Stelle um. Niemand sonst rührt sich. Eine Atalanta lässt sich nicht bewerfen. Sie ist nach dem Sprung sofort wieder auf den Füßen und läuft davon. Der Jugendliche hält sich den Kopf. Er wimmert. Vier beeindruckte Kinder lösen sich aus der Gruppe und verlassen den Platz hinter dem Lastwagen am Rand der Containerstadt. So einen Sprung haben sie noch nicht gesehen. Sie kennen Kampfsportsprünge aus Filmen, Sprünge mit einem angewinkelten und einem ausgestreckten Bein, das das Gegenüber im Gesicht, auf der Brust, am Bauch trifft, je nach Sprungkraft und Tritttechnik. Ein Sprung wie dieser, wie eine Bombe ins Wasser, mit zwei angezogenen Beinen, ist ihnen neu. Die vier Kinder beschließen, jedes für sich, diesen Sprung nachzumachen, anschließend abzurollen und blitzschnell wieder auf die Füße zu springen, koste es hunderte Versuche, blaue Flecken oder Schürfwunden. Vor dem Container, in dem Atalanta wohnt, schreiben die vier ihre Namen mit Joghurt auf den Asphalt: DÄN, IBU, CURI, YULA. Paletten dieser kleinen Joghurtbecher sind am Morgen in die Containerstadt geliefert worden, die Sachspende eines Unternehmens. Dass das Haltbarkeitsdatum der Joghurts bereits überschritten ist, ist nicht dazugesagt worden. Aber das Joghurt schmeckt noch, und zum Schreiben lässt es sich ebenfalls verwenden. Die vier Kinder warten auf den Neuankömmling im roten Cordrock. Alle neu angekommenen Kinder werden von den Ältesten unter den Containerstadt-Jugendlichen unter Aufwendung aller denkbaren Gemeinheiten in die von ihnen aufgestellte Rangordnung verwiesen. Die vier wartenden Kinder sehen ihre Chance auf Rache gekommen, bestärkt durch dieses neue Kind, das sich gewehrt und einen der Großen zu Boden geworfen hat.

Die drei jugendlichen Mädchen kommen zuerst. Ohne den Kindern vor ihrem Container auch nur einen Hauch von Beachtung zu schenken, verschwinden sie in den Container. Tür zu.

Als Atalanta nach vielen Umwegen kreuz und quer durch die Containerstadt und das weite Gelände mit den umliegenden Vierteln pastellfarbener Reihenhäuser endlich zu ihrem Container zurückkehrt, fragen die Kinder sie in gebrochenem Festländisch, der Sprache, die sie miteinander teilen, nach ihrem Namen, woher sie komme, wo ihre Eltern seien und wie viele Geschwister sie habe. Anstatt zu antworten, stellt Atalanta ihrerseits Fragen und lässt sich einweihen in die geschriebenen und ungeschriebenen Regeln unter den Kindern und Jugendlichen der Stadt. Sie gibt eine erste Einführung in die Feinheiten des Paketsprungs und schreibt anschließend mit Joghurt ATALANTA zu den anderen Namen dazu. Nicht ohne anzumerken, dass es sich um einen atlantischen Namen handle. Sie sei nämlich auf einem großen Schiff aufgewachsen, dessen Kapitäne ihre Eltern seien. Es gibt keine weiteren Fragen. Yula zieht einen Kreis um alle fünf Namen. Es folgt ein feierlicher Schwur: „Ich will immer Teil und Container der neuen Bande für mich und alle sein." Ein weiterer Becher „Fruchtzwerg", den Ibu aus der Tasche zieht, Kirschgeschmack, macht die Runde. „Wir teilen alles aus und mit uns zusammengehalten. Wir lassen Spuren hinter zu jeder Zeit von uns an jedem Ort." Eine Frage gibt es doch noch an Atalanta, die den anderen wichtig ist: „Bist du ein eigentlicher Junge als Mädchen oder andersherum selbstverständlich?"

MILES nahm die Herausforderung an. Wenn Lan neuerlich gewänne, teilte der Sprecher auf einer von der Meils'schen Werbeabteilung einberufenen Pressekonferenz mit, würde Miles, würde er, er würde – der Sprecher wusste nicht, was Miles würde. Was konnte Miles schon Sensationelles anbieten außer Geschwindigkeit. Nichts sonst, was die Leute faszinieren könnte. Nichts. Miles hatte nichts zu enthüllen. Wenn er sich auszöge, wäre er einfach ein nackter Läufer. Nicht mehr, nicht weniger. Er schrieb keine Geschichte außer Weltrekorde. Die aber alle schon von ihm kannten. Seit dem Lauf und der Silbermedaille war Miles wenigstens ein bisschen ein Neuer, nämlich Zweiter, besiegt von einem mysteriösen Läufer, der aus dem Stadion gelaufen war, gesucht wurde und sich per Videobotschaft an Miles und die Öffentlichkeit wandte. Dieses kurze Video war binnen Stunden eins der meistbesuchten im Internet. Miles nippte mit am Ruhm des Neuen. Und Meils.com auch. Der Sprecher versuchte, seine Gedanken zu ordnen, und setzte erneut an: Miles wolle der Neue sein, Miles wolle alles. Miles wolle Lan. Es werde, also er würde, also Meils.com ziehe im Falle einer neuerlichen Niederlage die Anzeige gegen Lan zurück. Es werde im Übrigen mehr sein als ein 100-Meter-Lauf, mehr als ein Duell, fügte er kryptisch hinzu. Und. Er warne Lan. Noch einmal lasse Miles ihn nicht auf und davon laufen. Das sei durchaus im doppelten Sinn gemeint. Im Übrigen sei zu den Fotos – er nähme an, dass die kürzlich aufgetauchten Fotos des Läufers Lan gemeinhin bekannt seien – noch etwas zu sagen. Miles sitze auch gelegentlich auf dem WC, auch er habe hier und da einen Rausch gehabt, aber. Der Sprecher machte eine gewichtige Pause. Dann fiel ihm nichts mehr ein. Sein Denken setzte endgültig aus, alles blank. Kein einziger Satz formulierte sich mehr. Es wurde unruhig. Jemand rief laut eine Frage in den Raum. Jemand machte eine Bemerkung, die andere zum Lachen brachte. Der Sprecher saß nur da. Sprach nicht mehr. Weder für sich noch für Miles noch für Meils.com. Der Manager höchstpersönlich sprang ein. Der Wettlauf finde in genau zehn Tagen um Punkt elf Uhr vormittags, am Tag nach der Abschlusszeremonie der Spiele, zwischen Hauptbahnhof und Staatstheater statt. Dort werde die Prachtstraße, allererste Adresse für den 100-Meter-Lauf, gesperrt. Er, Manager von Meils oder Miles, wie das Publikum wolle, scherzte er, aber niemand lachte, er jedenfalls traue sich, vorwegzunehmen, dass die Neuauflage von „Miles gegen Lan" die Leichtathletik-Wettkämpfe der Spiele in Sachen Einschaltquoten, Spannung und Unterhaltungswert in den Schatten stellen werde. Ihm bleibe abschließend nur noch, den Sponsor dieses spontan organisierten Volksfestes, ja, es sei nicht übertrieben, es so zu nennen, um ein paar Worte zu bitten. Danke. Bitte.

Miles lächelte matt. Des Festländischen nicht mächtig, hatte er die Pannen des Sprechers nicht bemerkt und auch nicht zugehört. Seine Aufgabe war, gut auszusehen und selbstbewusst zu wirken. Körper zu sein. Für alle. Auch für den Sponsor, der sich mit ihm fotografieren ließ. Mit-Körper, anschneiden, belichten und Kontraste. Meils' Miles ist für alle da. Ein großer Tag. Triumph und Laufsport. Jetzt und hier. Auf der Straße. Jedermann. Der Reinerlös werde. Zur. Weltweit und Investition in. Kinder, aller, Wunsch und Möglichkeit. Sich bewegen, messen. Feiern. Persönlich. Erfolge. Eine Stiftung. Wo heute, und Sportstätten. Noch mal spektakulär. Danke. Bitte.

ICH sah es auf einem Monitor im Eingangsbereich des Hauptbahnhofs, mein Trikot, Startnummer 9, mit einem jungen Mann darin. In meiner Hose, meinen Schuhen und mit meinem Stirnband, das unter einer merkwürdigen Haube hervorblitzte, sah er mir sehr ähnlich, oder vielmehr dem, als der ich angetreten war. Seine Statur, sein Gesicht, seine Haut, die Form seiner Augenbrauen. Nur war er an anderen Stellen muskulös als ich, offenbar kein Läufer, eher einer, der Krafttraining machte. Trotzdem würde kein Mensch mich jetzt noch erkennen oder überhaupt suchen, wenn es mich doch bereits gab, auf Monitoren am Hauptbahnhof zum Beispiel, für alle zu sehen. Der Läufer sah mir viel ähnlicher als ich mir selbst in meiner jetzigen Aufmachung mit Make-up, Kleid und einem seltsamen Tuch im Haar. „Die Herausforderung" lief als Buchstabenkette durch das Bild. Und ein Countdown der Tage, Stunden, sogar Minuten und Sekunden bis zum Start. Ich konnte mir erst keinen Reim darauf machen, bis ich begriff, dass jemand sich als ich ausgegeben hatte, jemand gegen Miles antreten würde. Aber nicht im Rahmen der Spiele, in der 200-Meter-Disziplin, auch nicht in einem Stadtmarathon oder sonstigen bekannten Format. Sondern in einem eigenen Lauf in der Innenstadt. Offenbar wollte Miles den zweiten Platz nicht auf sich sitzen lassen. Oder den Tampon. Miles. Meils. Meilanion. Der Name aus dem Mythos. Jetzt wusste ich, woran mich der Name Miles erinnert hatte. Meilanion. „Wirst schon sehen, eitler Läufer. Im echten Leben gibt es keine Aphrodite, die goldene Äpfel auf die Laufbahn wirft. Du bist nur der Zweitschnellste und du wirst es bleiben. Meilanion und Atalanta sind Figuren eines Mythos. Du, Miles, und ich sind echt."

Man konnte mich nicht einfach ersetzen. Niemand außer mir würde Miles besiegen. Innerlich zählte ich den Countdown weiter und nahm ihn als Takt meiner Füße auf den Straßen. Autos hupten, Busse bremsten, so unbeirrbar rannte ich in Richtung Anlage und Hotel, wo ich hoffte, meine Trainerin anzutreffen. Im Rennen wurde ich wieder sicherer, zu sein, wer ich war, Lan, mein Atem, vertraute Bewegung. Ich lief durch die Grünphasen der Ampeln wie ein schnelles Taxi. Mein Training der letzten Jahre hatte einen Sinn gehabt. Ich war immer wieder aufgestanden und gelaufen. Auch wenn ich nicht mehr konnte, nicht mehr wollte, es nach menschlichem Ermessen nicht mehr ging. Ich war trotzdem aufgestanden und weitergelaufen. Die Stimmen in mir, die protestierten, hatte ich abgestellt, niedertrainiert, gelöscht. Jeden Muskel in den Beinen hatte ich einzeln gezwungen, aktiv zu sein, war dafür auf den Außenristen gelaufen, o-beinig, x-beinig, auf Zehenspitzen und den Ballen, hatte aus Schmerz Energie gemacht, aus jedem Stoppsignal meiner Bänder einen Schritt nach vorn. In unruhigen Träumen hatten mich Wellen auf hoher See von einem Fuß auf den anderen geschubst. Verwirrt und wehmütig war ich aufgewacht nach solchen Nächten, nur, um sogleich wieder zu trainieren. Jeden Widerstand hatte ich überwunden in meinem Wunsch, am schnellsten zu sein. Es war ein überwältigendes Gefühl gewesen, den Körper und alles, was in ihm Halt rief, zu überwinden. Weiterzumachen, wenn es nicht mehr ging. Erbarmungslos hatte ich trainiert, Erschöpfung, Wut, Tränen hatten nicht gezählt für mich. Manchmal hatte ich mir vorgestellt, dass Ovid mich sähe, wie ich rannte, allen anderen davonrannte. Aber dann hatten sich wieder Zahlen unter den Laufrhythmus gelegt und Ovid weggeschoben. Ich hatte keine Muskelpakete an den Beinen tragen, kein Kreuz wie ein Weltrekordschwimmer haben wollen. Aber ich hatte um jeden Preis, wirklich jeden, am schnellsten sein wollen. Und war weitergelaufen. Weiter. Und weiter. Hatte Muskelpakete an den Beinen, ein Kreuz wie ein Weltrekordschwimmer. Bestand aus Muskeln und Sehnen. Es war still geworden in mir. Nur Zahlen konnte ich denken beim Laufen, nichts sonst. Alles andere, das sich nicht den Regeln des Laufens hatte unterordnen wollen, hatte ich platt gemacht.

Wer ich sei, wurde ich an der Rezeption gefragt. Es sei nicht möglich, Informationen über Hotelgäste zu erteilen. Im Übrigen sei die gesamte Anlage den Sportlerinnen und Sportlern, deren Teams und der Presse vorbehalten. Ich hatte nach meiner Trainerin gefragt.

„Taxi?", fragte ein Fahrer, als ich kurz darauf unschlüssig vor dem Eingang stand. Ich schüttelte den Kopf. Ging zurück in die Hotelhalle zur Rezeption. Fragte geradewegs nach der Schlüsselkarte mit der Nummer 214, dem Zimmer meiner Trainerin. Die Dame wohne nicht mehr hier, war die inzwischen deutlich ungehaltene Antwort. Aber mehr brauchte ich nicht.

Sie war abgereist, ohne auf mich zu warten. Sie war weg. Womöglich war sie längst zurück auf Eiland. Ohne mich. An dem kleinen Ort unweit vom Meer. In ihrem Haus. Auf der staubigen Straße. Wo ich zum schnellsten Kurzstreckenläufer der Welt geworden war. Ich musste an mich halten, um nicht allen Hotelgästen und der ganzen Anlage von meiner Trainerin zu erzählen. Alles sollten die Leute wissen über sie. Wieso fragte mich niemand nach ihr. Wieso hatten sie sie abreisen lassen. Wieso erkannte niemand, dass ich zu ihr gehörte und sie zu mir. Niemand hier wusste, dass sich durch ihre Einladung an mich, die Schulferien bei ihr statt im Internat zu verbringen, nicht nur mein Leben geändert hatte. Sie war überzeugt gewesen, zu alt zu sein, um ihrer größten Leidenschaft, dem Schwimmen, nachgehen zu können, außer in einem dürftigen Freizeitformat. Aber schon in den ersten Ferien, die ich bei ihr verbrachte und in denen sie meine Trainerin wurde, begann sie, selbst wieder zu trainieren. Ich lief, sie schwamm. Wir tauschten uns aus, machten Atemübungen und Ausdauertraining, studierten Bewegungsabläufe, ermutigten einander, weiter zu gehen als bis dahin, wo die Kraft uns jeweils verließ, wir stoppten uns gegenseitig die Zeit, feuerten einander an. Der Strandabschnitt bei den roten Felsen, den wir so häufig wie möglich per Bus oder laufend ansteuerten, gehörte uns beiden, ihr das Wasser, mir der Sand. Sie wurde von Jahr zu Jahr jünger, ich von Jahr zu Jahr älter. Sie lachte mich nicht aus, nie, kein einziges Mal, wenn ich von ihrem Haus aus über die kurvige Straße zu den roten Felsen und zurück lief, ich riet ihr nie davon ab, immer noch weiter hinauszuschwimmen. Sie gewann Schwimmwettbewerbe, nicht nur in der Hobbykategorie. Nach jedem Wettbewerb, ob erfolgreich oder nicht, stießen sie und ich mit Sekt und Guavemilch oder Joghurt an, sie pur, ich mit Früchten. Sie fragte mich nie nach meinen Eltern, nach meiner Herkunft, nach meinem Seemannsgang, der sie anhaltend amüsierte, nie nach meinen Mitschülern und -schülerinnen im Internat. Ich fragte sie nie nach dem Vater ihrer Kinder oder nach ihren eigenen Kindern, mit denen sie keinen Kontakt mehr hatte. Ich fragte sie nie nach den Jahren als Schwimmlehrerin im Internat vor meiner Zeit, nach ihren Lieben und Feindschaften, auch nicht danach, warum sie mich als Er adressiert hatte, wo ich doch alles hätte sein können. Wir fragten einander nach den Erfahrungen mit Laufschuhen und Schwimmanzügen, nach dem Gefühl im Bauch und Unterleib beim Überschreiten der eigenen Höchstgeschwindigkeit, nach den Signalen der Arme, Beine, Rückenmuskeln und Halswirbel, nach Salz in den Augen und Schweiß in den Kniekehlen, nach der Schwärze des Wassers in der Nacht und dem Geräusch von nassem Sand unter den Füßen.

Jetzt stand ich in dem Hotel, das wir gemeinsam bezogen hatten vor der Eröffnung der Spiele, sie Zimmer 214, ich Zimmer 217, und sie war nicht mehr da. Vielleicht würde ich sie nie wiedersehen. Vielleicht hatte sie im Stadion vor genau sechs Tagen die Garderobe wortlos verlassen, weil sie genau gesehen hatte, was ich in der Hand gehalten hatte. Den Tampon. Vielleicht hatte sie da bereits beschlossen, dass wir fortan getrennte Wege gehen würden. Sie von mir nichts mehr wissen wollte. Mich nicht mehr trainieren wollte. Nicht mehr mit mir für das Laufen und Schwimmen leben wollte. Mich nie mehr an den roten Felsen treffen wollte, die sie mit dem Bus und ich laufend erreichte. Es tat so weh, dass ich beide Hände auf mein Herz drückte.

Wie ATALANTA die Geschichten der anderen erzählt und in allen selbst die Hauptrolle spielt

Die Anfangsbuchstaben ihrer Namen sind in Kurkuma-Gelb, Zimt-Braun, Paprika-Rot, Vanille-Schwarz und Meersalz-Weiß auf den grauen Containerboden geschrieben. Feierlich erklären Yula, Dän, Ibu, Curi und Atalanta reihum, „eigentliche Mädchen als Jungen oder andersherum selbstverständlich" zu sein. Dann toben sie in den Gewürzen herum, verwischen und vermischen sie, es riecht gut, es knirscht und staubt. Sie schieben einen Stuhl vor die Tür und klemmen die Lehne unter die Klinke. Bei dem, was sie vorhaben, können sie nicht riskieren, dass Atalantas jugendliche Containermitbewohnerinnen hereinkommen. Das Fenster hängen sie mit einem Laken zu. Von Anziehsachen, die sie aus einer Altkleidersammelbox in dem Viertel mit den pastellfarbenen Häusern herausgefischt haben, trennen sie Knöpfe, Schnallen und

Träger ab und schneiden verschieden große Streifen zurecht. Alle entledigen sich ihrer T-Shirts, Pullover, Kleider. Atalanta wählt einen langen grünen Streifen und legt ihn sich um den Brustkorb. Der Stretchstoff reicht anderthalbmal um sie herum, die Enden klemmt sie fest wie einen Verband. Ibu legt sich einen groß karierten Daunenstreifen um den Bauch, polstert ihn zusätzlich aus und legt ober- und unterhalb noch weitere Röllchen an. Yula macht sich Busen aus zwei Schulterpolstern, Dän zieht sich ganz aus, um sich mit verschiedensten Stoffbahnen kreuz und quer zu schmücken. Curi bindet sich einen Schlips aus dünnem rosa Cord um. Schließlich werden Penisse mit gepunkteten Streifen eingebunden oder neu kreiert durch gerollte Attrappen, die in die Unterhose gestopft werden. Ärmel werden wie Binden vor den Scheideneingang gelegt und mittels Spaghettiträgern um die Oberschenkel befestigt, Vulven in verschiedensten Mustern und Formen in Unterhosen eingebaut. Immer mehr Kombinationen entstehen, Kitzler aus Knöpfen und dem Bommel einer Mütze, Hoden aus BH-Körbchen. Als sie mit dem Anlegen, Einwickeln, Erweitern und Kreieren ihrer Brüste und Geschlechtsteile fertig sind, sagt Yula beiläufig: „Mein Ich und unser Wir wollen und sind nicht Sie, nicht Er, sondern SEHR." Die fünf machen den Satz zu ihrer magischen Formel und sprechen ihn mit dem nötigen Ernst nach: „Mein Ich und unser Wir wollen und sind nicht SIE, nicht ER, sondern SEHR."

Jemand versucht, die Tür zu öffnen. Noch einmal. Die Kinder stehen da. Herunterhängende Fäden legen bunte Linien auf ihre Haut. Die Stuhllehne tut, was sie kann.

Curi, Ibu, Dän und Yula sind minderjährig und unbegleitet wie Atalanta. Alle sind verschieden lang schon in der Containerstadt und bis auf Weiteres dort untergebracht. Ibus Methode, mit den festländischen Behörden umzugehen, besteht darin, nichts zu wissen und nichts zu haben, weder einen Namen noch Gepäck oder Familienangehörige, um unter keine der festländischen Kategorien zu fallen. Ibu stellt sich dumm. Begreift vermeintlich nichts. Wenn Uniformen nach dem Namen fragen, zieht Ibu eine Packung Schmerztabletten aus der Tasche, Ibumetin, in einem unbeobachteten Moment vom Tisch eines Bürocontainers entwendet, für alle Fälle, und zeigt auf die ersten drei Buchstaben.

Curi ist immer auf dem neuesten Stand festländischer Regelungen für unbegleitete minderjährige Flüchtlinge und stellt ein ums andere Mal Herkunft, Sprache, Migrationsroute und Bezugspersonen so zusammen, dass nichts zusammenpasst und also alles für ungültig erklärt werden muss. Curis minutiös ausgearbeiteter Sprachmix sorgt für zusätzliche Verwirrung.

Yula hat Angst vor den Behörden und sagt nichts. Auch den Namen nicht. Schreibt die immer gleichen vier Buchstaben auf, aber jedes Mal in einer anderen Reihenfolge. Ein schwerer Fall von Legasthenie, steht in Yulas Akte. Die Uniformen halten dieses Kind insgesamt für beschädigt. Es spricht nicht, denken sie, und ist motorisch auffällig. Geht Yula doch nie geradeaus, sondern nach ein paar Schritten vor folgen einige zurück oder zur Seite, mitunter nähert sich Yula rückwärts der fragenden Person, ein eigenartiges Kind.

Dän setzt eine Art Kampflächeln ein. Die Uniformen, gleich welchen Geschlechts und welcher Gemütsverfassung, sind hingerissen. So ein charmantes Kind. Keine einzige für die Behörden brauchbare Information kommt über Däns Lippen.

Über viele Stationen sind Ibu, Curi, Yula und Dän nach Festland gekommen und mussten zurücklassen, wen und was sie nicht mitnehmen konnten. Wann immer SEHR sich trifft, erzählt

Atalanta eine der vier Geschichten als ihre nach, als habe sie sie erlebt, und nicht eines der anderen Kinder. Sie schmückt hier und da noch aus, vertauscht spontan Details, baut Versatzstücke aus der Ilias oder den Metamorphosen ein. Immer setzt sie sich als Hauptperson und genießt das Mitgefühl und die Bewunderung der anderen, die so tun, als hätten sie das Erzählte weder selbst erlebt noch je zuvor davon gehört. Im Lauf der Zeit erzählen auch Dän, Ibu, Curi und Yula jede der Geschichten in den schillerndsten Farben als ihre eigenen nach. So teilen die fünf ihre Biografien, erfinden sie ständig neu, gönnen sie einander und wachsen noch enger zusammen: SEHR.

ES war ihre Enkelin, die sie von einem Foto im Sportteil der Tageszeitung, die sie zum Morgenkaffee durchblätterte, anlachte. Die Trainerin schaute sich im Frühstücksraum der kleinen Pension, die der Taxifahrer ihr empfohlen hatte, außerhalb der Stadt, ruhig, diskret, um, als könne sie das Foto ungeschehen machen, wenn nur niemand es bemerkte. Sie verstand nicht viel von dem ins Festländische übersetzten Interview mit ihrer Enkelin, aber den Aufmacher. Es ging um Sex. Zwischen Alt und Jung, ihr und Lan. Sie vergewisserte sich noch einmal, dass diese Ungeheuerlichkeiten über sie, die Trainerin, und den Läufer von ihrer Enkelin stammten. Der Name unter dem Foto brachte Gewissheit, Buchstabe für Buchstabe der Name ihrer Enkeltochter. Schnell klappte die Trainerin die Zeitung zu. Sie strich das weiße Tischtuch glatt und räumte die Papierserviette, das geleerte Zuckertütchen und die Verpackung des Butterstücks in den Behälter, der für Tischabfall gedacht war. Ihre Enkelin schlug Kapital aus dem Medienwirbel um Lan. Hängte ihnen beiden, Trainerin und Läufer, an, was der Boulevard hören wollte. Die Trainerin versuchte, sich vorzustellen, wie ihre eigenen Kinder, eine Tochter und ein Sohn, die Hände über dem Kopf zusammenschlugen und sich gegenseitig versicherten, dass Mutter, so nannten sie sie, eben doch unberechenbar sei, wenn nicht unzurechnungsfähig. Eine lange Kette von Missverständnissen und gegenseitigen Vorwürfen, von Ungeduld und zu verschiedenen Auffassungen von einem guten Leben hatte die Trainerin und ihre Kinder schon vor Jahren entzweit und sie wider alle familiäre und gesellschaftliche Etikette nicht, auch nicht pro forma, wieder zusammengeführt. Die drei Enkelkinder waren trotzdem zu ihr gekommen, jeden Sommer in den großen Ferien. Endlose Sonnenbäder hatten die drei Jugendlichen an einem nahe gelegenen Strand genommen, den sie mit Touristen und Touristinnen aus aller Welt teilten und den sie mit den alten Vespas ansteuerten, die unter dem Schuljahr unbenutzt hinter dem Haus auf den nächsten Sommer warteten. Abends waren sie in die nächsten Orte gefahren, um auf Strandpartys die Nächte durchzutanzen, sie waren in der Früh ins Bett gegangen und spät aufgestanden, sie hatten freundliche Nachrichten auf dem Esstisch liegen lassen. Sie waren gut miteinander ausgekommen, ihre Enkelkinder und sie, in den langen Sommern am Meer. Die drei hatten nie verstanden, was der Läufer, der nur ein paar Jahre jünger war als sie selbst, und ihre Großmutter teilten, aber sie hatten verstanden, dass die beiden etwas teilten. Die ungleichen Grüppchen ließen sich gegenseitig in Ruhe und nutzten das bescheidene Haus auf je eigene Weise bis in den letzten Ferienwinkel. Wenn weiterer Besuch kam, teilten die beiden Enkel und die Enkelin mit dem Läufer sogar ein Zimmer, aber kaum gemeinsame Zeit. Wenn sie schliefen, rannte er, wenn er schlief, tanzten sie. Es war so einfach gewesen, leicht, vertraut.

Die Trainerin stand auf, ging zum Buffet und füllte eine Schüssel mit geschnittenem Obst, Haferflocken und Joghurt. Langsam aß sie das Müsli auf. Wie weit musste sie sich noch entfernen von den Spielen, dem Medienrummel, der Anlage und dem Hotel, das sie extra verlassen und gegen die unscheinbare Pension eingetauscht hatte. Wie weit musste sie sich noch entfernen von denen, die ihre Familie waren. Der Wirt kam an ihren Tisch, fragte, ob sie noch einen Kaffee trinken wolle. Sie reagierte nicht, er fragte noch einmal, sie überhörte ihn demonstrativ, er ging wieder. Sie räumte das Geschirr auf ihrem Tisch zusammen, strich abermals das Tischtuch glatt, nickte anderen Frühstücksgästen zu, entschuldigte sich beim Wirt, hatte aber keine Worte für ihr unfreundliches Schweigen und bat um die Rechnung. Sie habe das Zimmer für mindestens eine Woche gebucht, wandte er ein und zeigte auf die Reservierungsdaten in einem altmodischen Kalender. Sie wollte nur noch nach Hause. Lan sollte laufen, gegen wen und wohin er wollte, mit Tampon oder ohne. Der Wirt war ihr gleichgültig. Vielleicht hatte auch er die Regel. Wer konnte das schon wissen. Sie gab ihm zu verstehen, dass sie die bisherigen vier Nächte zahle oder keine, ging auf ihr Zimmer und packte. Ein Buch, das sie seit ihrer Ankunft in Festland nicht einmal aufgeschlagen, der Badeanzug, den sie nicht verwendet hatte, wanderten in ihren Koffer, das Waschzeug, Kleidung, Münzen, Dutzende Zeitungen. Als sie wieder hinunter zu der unscheinbaren Rezeption kam, lag das Gästebuch der Pension aufgeschlagen neben der Rechnung über vier Nächte bereit. Sie zahlte, fand für das Gästebuch einen eiländischen Gruß und unterschrieb mit „Artemis". Dann bat sie um ein Taxi und ließ sich zum Flughafen fahren.

MILES kam sich vor wie ein Verräter. Die schnellsten Läufer der Welt machten sich in Abwesenheit des Allerschnellsten bereit zum Start. Der 200-Meter-Lauf der Spiele fand ohne Lan statt. Seit dem 100-Meter-Lauf vor genau einer Woche lief Miles der Faszination nach, die diese Person in Gelb-Schwarz auf ihn ausgeübt hatte. Bis ins Innerste berührt war er gewesen, geradezu erschüttert, von der Geschwindigkeit, dem gemeinsamen Rausch, dem, was er nicht greifen konnte. Und jetzt war er hier, wieder im Stadion, trug erneut die Startnummer 4, aber Nummer 9 fehlte. Er überlegte fortzulaufen. Aber er konnte sich nicht entscheiden. Wusste nicht einmal mehr, ob er gewinnen wollte oder nicht. Er wusste gar nichts mehr. Er war das Gesicht eines Lebensgefühls und Hoffnungsträger unzähliger Jugendlicher in dem Land, für das er lief und das er auf seinem Blog als „Meiland" bezeichnete. Nichts war ihm jetzt gleichgültiger. Was tat er hier. Ohne Nummer 9. Niemand hatte mit ihm über den 100-Meter-Lauf, über das, was auf dem Podest geschehen war, gesprochen. Alle, sein Manager, der Sprecher, seine Eltern in langen Telefonaten, waren zur Tagesordnung übergegangen. Aber er war nur noch besessen von der Vorstellung, ein weiteres Mal gegen Lan zu laufen, die zwei Körper allein und deren Schnelligkeit zu spüren. Dieser Wunsch und die mit dem Meils.com-Management abgesprochene Entscheidung, Lans Herausforderung anzunehmen, versetzten ihn in nie gekannte Aufregungs- und Glücksgefühle. Jetzt aber lag vor ihm die Laufbahn, neben ihm standen die anderen Läufer, die nichts als Läufer waren, am Start, und Miles' Körper fühlte sich an wie ein zäher Brei aus Nervosität, Lauftechnik und Muskelkraft.

Wie ATALANTA zu allem entschlossen ihren Kompass verspeist

Atalanta lässt einen schweren Stein schnurgerade hinunter auf ihren linken Fuß fallen. Die anderen vier SEHR schnappen nach Luft, seufzen auf. Ein schwerer Stein, der auf Zehen fällt, die nur in Turnschuhen stecken. Wenigstens trägt sie Socken. Atalanta beißt die Zähne aufeinander, nimmt ein Küchenmesser, schließt die Augen und schneidet sich ins Bein. So schnell können die anderen gar nicht schauen. Noch einen und noch einen Schnitt. Nicht tief. Noch nicht. Aber Atalanta scheint zu allem entschlossen. Blut tritt aus den Schnitten heraus. Läuft in zwei Rinnsalen ihr Bein entlang. Das Ganze nach einem trüben Herbst, einem grimmigen Winter und einem vielversprechenden Frühling, zwischen mehreren ausrangierten, aufeinandergestapelten Containern. Es riecht nach verfaultem Holz und Müll.

Yula geht auf Atalanta zu, drei Schritte vor. Der nächste Schnitt.

Yula stoppt, zwei Schritte zurück, schaut Hilfe suchend zu den anderen. Dän will einen Scherz machen, aber Dän fällt nichts ein. Ibu kramt nach Tabletten, irgendwo müssen sie doch sein.

Curi zieht sich vor Nervosität das T-Shirt Stück für Stück fast bis über die Knie. Alle Wortgewandtheit ist weg, Curi bringt keine Silbe heraus. Die Luft flirrt in der mittäglichen Hitze. Irgendwann bricht es aus Atalanta heraus: „Gefolterte Spuren und flüchtige Wunden sind meine letzte Chancengleichheit. Mit schwer verletzten Anzeichen dürfen die Festlandbehörden mich nicht wegschieben. Sie müssen mich auf sich nehmen. Zur Sicherheit versage ich mir die Beine. Unbewegt zum Laufen gelähmt kann mich niemand ohne Aus weisen. Nur wenn ich verletzt abgrundtief bin und gerade noch nicht schwer verwundet weggestorben, können die Uniformen mich nicht auf und davon verschieben."

Dän nickt. Ibu auch. Atalanta ist erleichtert, endlich auf Verständnis zu stoßen, und sagt mit großer Eindringlichkeit: „Es ist voraus wichtig, dass ihr euch und auch Vorbereitungen trefft für die Falle, wenn sie eure Abschiebung zu stellen."

Alle fünf Kinder, von den Festlandbehörden als die mutmaßliche Containerstadtbande SEHR identifiziert, sollen in ihre Herkunftsländer abgeschoben werden. Das steht in Papieren, die mit festländischen Stempeln versehen sind. Atalanta ist laut dieser Papiere die Erste der Gruppe, die Festland verlassen muss. Sie nimmt ihren Kompass aus der Hosentasche, reicht ihn Yula mit der Aufforderung, den Kompass als Ganzes zu schlucken. Yula schüttelt den Kopf. Plötzlich springt Ibu auf, nimmt den Kompass und schiebt ihn sich weit in den Mund und Rachen hinein. Würgt. Hält sich beide Hände auf die Ohren, läuft rot an. Fassungslos stehen die anderen vor diesem Kind, das sich quält. Das Teil flutscht nicht und nicht den Kinderschlund hinunter. Ibu gibt auf und spuckt aus. Atalanta nimmt den Kompass, wischt ihn mit einem Zipfel ihrer kurzen Hose trocken. Dann legt sie ihn auf den Boden. Schaut in die Runde. Macht einen Schritt nach vorn und tritt auf den Kompass drauf. Der zerbricht in Einzelteile. Atalanta nimmt den Zeiger und versucht, ihn zu schlucken. Es würgt sie, ein tiefer Atemzug, mit dem Finger schiebt sie nach. Dann das kleine Blatt, auf dem die Himmelsrichtungen mit schwarzer Tusche angezeigt sind, eine große und mehrere kleine Schrauben, den Tragering, einen Teil des Gehäuses, Atalanta schluckt nach und nach alles hinunter. Sie tritt auf das, was vom Kompass noch übrig ist, und schluckt auch die letzten Teile. Nur die Scherben der kleinen Glasoberfläche lässt sie liegen. Yula übergibt sich.

„Wir dürfen nicht, wenn es drauf ankommt, abgekürzt herumstehen und einen gedrückten Eindruck machen", Curi findet zuerst die Sprache wieder. „Mit gegessenem Kompass wird den Füßen die Richtung richtig gewechselt, auch wenn nirgends ein Rastplatz am Weg Halt macht. Immer wirst du vorwissen, wohin es langgeht, so sieht alles gut und aufgeregt aus."

„Ich habe durstigen Hunger und muss auf ein Klo zulaufen." Dän bittet so etwas wie Alltäglichkeit wieder zwischen die verrosteten Container und läuft los, dreht sich noch einmal zu Atalanta um, macht mit den Lippen knatternde Geräusche: „Komm kurz Kompass kacken."

ES war eine kleine Gruppe, die im Block B7 lautstark auf sich aufmerksam machte. Die Jugendlichen zündeten Wunderkerzen an und ließen eine durchdringende Sirene aufheulen. Sie waren gekommen, um zu sehen, ob der Kleiderdieb, Lan, überraschend zum 200-Meter-Lauf auftauchen und antreten würde. Sie hatten Wetten abgeschlossen. F. L., der Falsche Läufer, war auch dabei, er trug Jeans und eine Windjacke. Das Trikot mit der Startnummer 9, die schwarze Hose, die Schuhe und das gelbe Stirnband lagerten, in eine alte Tragetasche verpackt, samt schwarzer Samthaube, auf der Ablage über der Tür in der Wohnung, in der die Jugendlichen die Fotos gemacht und online gestellt hatten. Manchen von ihnen waren die Größenordnung des Medieninteresses, die Flut der Reaktionen auf ihre Fotos, die Suche nach ihnen über den Kopf gewachsen. Sie warnten die anderen vor Konsequenzen, aber die fanden, das Spiel liefe besser als jedes Computerspiel und was solle schon geschehen. „**T.**otal **G.**escheitert: Miles!" stand auf T-Shirts und Umhängetaschen, die sie johlend über ihre Köpfe hielten. F. L. machte einen Höllenlärm mit der lautesten Rassel, die er hatte finden können. Er genoss die neue Aufmerksamkeit innerhalb der Gruppe, es war sogar die Rede davon gewesen, hier heute als E. L., Echter Läufer, über 200 Meter anzutreten. Des Spaßes halber. Und um weiter Verwirrung zu stiften. Starten hatten sie mit ihm geübt, welcher Fuß vorne, wann den Hintern hoch, was macht der Kopf, und beim Schuss nicht erschrecken, sondern losrennen. Im Fitnessraum der Schule hatte er das Laufband nicht mehr verlassen, aber dann waren sie in der Gruppe doch übereingekommen, lieber einen Videoclip zu drehen, die absurde Herausforderung an Miles. Der Schritt in einen offiziellen Laufwettbewerb im Rahmen der Spiele schien den Besonneneren unter ihnen doch eine Nummer zu groß zu sein. Zudem wollten sie abwarten, ob Lan höchstselbst auftauchen würde. F. L. fielen jetzt, in diesem Moment, als unten auf der Bahn die Läufer an den Start gingen, einige Steine vom Herzen, vor Erleichterung darüber, dass er hier oben unerkannt unter seinen Freundinnen und Freunden stand und nicht dort unten allein das Spiel weiterspielte. Er rasselte den anderen die Ohren weg. Sie versuchten, ihm die Rassel abzunehmen, sie rangelten und prusteten. Startschuss. Alle Augen wanderten auf die Laufbahn. Miles verpatzte den Start. Hundertstelsekunden, aber doch. Die Gruppe jubelte. „**T. G.** – **T.**otal **G.**escheitert! **T. G.** – **T.**otal **G.**escheitert!", skandierte die Jugendliche mit der türkisen Kappe. Zur Feier des Tages setzte sie F. L. ihre Kappe auf den Kopf. Das große T der Aufschrift TÜRKIS hing vornüber herunter, nur noch gehalten durch den Restfaden am Fuß des T.

ES war lange her, dass die beiden so gestritten hatten und so miteinander beschäftigt waren, dass ihnen gar nicht auffiel, dass ihr einziges gemeinsames Kind, Ata, davongelaufen war. Sie lebten in ihrem noch immer gleichen Haus, saßen, wo sie immer saßen, nur den Computer, in den sie starrten, hatte es damals nicht gegeben. Sie konnten es nicht fassen. Lan. Das sollte aus ihrer Ata Ata geworden sein. Der Welt schnellster Läufer, der Stolz von Eiland, einem Land, dessen Namen sie noch nie gehört hatten. Ihr Kind als die Hoffnung von Millionen Bewohnern und Bewohnerinnen jener Länder, die im großen Rad der Weltpolitik wenig zu sagen hatten. Vor einer Woche, bei seinem sensationellen Lauf, hatten sie in ihm ihre Tochter sofort wiedererkannt. Fünfzehn Jahre älter, erwachsen, ohne Nuckelfell und Papageien, aber doch das Kind, das aus ihrem Haus davongelaufen war.

Jetzt, seit einer Woche, täglich, sahen sie Fotostrecken, Videoclips, alle Zutaten der Inszenierung eines Märchens von Unschuld und Spaß, Geschlechterzauber und Gelb-Schwarz. Sie gaben voreinander nicht zu, dass sie Lan auf diesen Fotos und den Videoclips nicht als ihr Kind wiedererkannten. Was vor einer Woche sonnenklar gewesen war, passte jetzt nicht zusammen. Wie auch immer, beide behielten ihre Verwirrung für sich und jubelten da weiter, wo sie eine Woche zuvor aufgehört hatten. Nicht in den kühnsten Elternträumen war damit zu rechnen gewesen, das tot geglaubte Kind fast erwachsen, berühmt, glücklich und in allen erdenklichen Sieger- und anderen Posen wiederzusehen. Die Eltern hatten so vieles nicht voreinander und auch nicht vor sich selbst zugegeben in all den Jahren. Die große Traurigkeit, den unfassbaren Verlust, turmhohe Schuldgefühle, Hass und Wut auf sich und einander, schlaflose Nächte und den nie versiegenden Wunsch, Ata möge zurückkommen und Glück mitbringen in das unglückliche Haus. Die braunen Kindersandalen mit den weißen Riemen standen auf dem Fernsehbildschirm. Beide wussten, dass ihr Kind weggelaufen war. Damals. Vor ihnen beiden. Das wussten sie so klar wie die Tatsache, dass dieser Verlust sie noch unentrinnbarer aneinander gebunden hatte, als sie es in ihrer maßlosen Unzufriedenheit über ihr Leben sowieso schon gewesen waren.

Sie hatten ihr einziges gemeinsames Kind bewahren wollen vor solch einer Unzufriedenheit. Sie hatten ihrem Kind das Leben erleichtern wollen, diesem Kind, das sich nicht einordnen ließ und das in Zahlen statt in Silben und Worten gesprochen hatte.

Das so ganz anders war, als sie es erwartet hatten.

Als die Welt sich eine bange Woche lang fragte, wohin der Goldmedaillengewinner verschwunden sei, wussten sie beide genau, dass Lan kein Opfer eines Komplotts war, sondern abermals aus eigener Kraft und Entscheidung auf und davon gelaufen war. Und dass nur er selbst darüber entscheiden würde, ob, wann und zu wem er zurückzukehren bereit sei. Dieses exklusive Gefühl war Mutter und Vater in dem Moment nicht bewusst, aber es war da und es machte sie glücklich. Das all die Jahre schwer getragene Schuldgefühl war angesichts des strahlenden Siegers von den elterlichen Schultern gerutscht. Ata war schon damals anders gewesen. Nur hatten sie das einander vorgeworfen, bis das Kind nicht mehr da und Stille im Haus war. Sie starrten auf die Fotos und bewegten Bilder ihres Kindes. Sie konnten sich keinen Reim auf das Glied ihrer Tochter machen, aber sie wischten es weg, indem sie nicht genau hinschauten.

Die Mütze fiel ihnen wieder ein, die verdammte Mütze. Aber dann lachten sie über das Nudelsieb und die Badekappe mit den Hörnern und hätten am liebsten gewunken. Ihrem großen Kind, das auf einem der Fotos hinter einer Zimmertür hervorwinkte. Sie hätten aufspringen können, jetzt, in ein neues Leben, sie hätten versuchen können, Visa für Festland zu bekommen, sie hätten öffentlich erklären können, die Eltern von Lan zu sein. Sie hätten das Schweigen untereinander und um sich herum brechen und diejenigen zum Feiern einladen können, die seit damals einen großen Bogen um das Haus machten. Sie hätten die schon damals erwachsenen drei Söhne aus der ersten Ehe des Vaters informieren und zurückgewinnen können, jetzt, da der Fluch vorüber war. Sie hätten zum Beweis ihrer Elternschaft den anderen Teil von Atas Nuckelfell präsentieren können, der ungenutzt inmitten alter Stoffreste in der geräumigen Truhe, die nur noch als Stauraum genutzt wurde, lag. Sie hätten DNA-Tests machen lassen können, um die Vater- und Mutterschaft offiziell anerkennbar zu machen. Sie hätten ihr trostloses Leben hinter sich lassen können. Aber sie taten es nicht. Ohne über all die neuen Möglichkeiten zu sprechen, ließen sie sie vorüberziehen. So etwas wie Takt gebot es ihnen. Sie würden sich nicht in das neue Leben ihres Kindes hineinreklamieren. Sie würden bei allem, was ihrem berühmten Kind fortan einfiele, mitfiebern und späte Eltern sein. Und sie würden jetzt erst recht diesen Ort, dieses Haus nie verlassen. Nur an den Hafen würden sie nach wie vor täglich gehen, manchmal sie, manchmal er. Vielleicht manchmal auch zusammen. Über das Meer schauen, den Horizont absuchen. Ihr Kind war gegangen. Vielleicht würde es wiederkommen. Eines Tages.

Wenn Lan gewusst hätte, welchen Respekt Mutter und Vater in diesen Momenten aufbrachten, hätte verschüttete Erinnerung wach werden und eine alte Wunde beginnen können, sich zu schließen. Doch ihr Kind wusste es nicht, also blieb die Wunde Wunde, unsichtbar und jederzeit bereit, aufzubrechen und wehzutun.

Miles wurde auf dem Weg ins Hotel von „meiländischen" Fans aufgehalten. Er, im weißen Trainingsanzug, gab Autogramme. Niemand fragte ihn nach dem soeben absolvierten 200-Meter-Lauf, niemand sprach ihn auf seinen verpatzten Start an. Miles scherzte, verschenkte T.-G.-Pulswärmer und versprach, in der Staffel auf jeden Fall Gold zu holen. In seinem Hotelzimmer öffnete er im Computer den Ordner mit den Fotos, die er heruntergeladen und gespeichert hatte. Ein Foto zeigte Lan in einem Handspiegel. Ein beiläufiges Foto und doch künstlich, der Raum auf dem Foto erinnerte eher an eine Theatergarderobe als an einen Sportumkleideraum, aber vielleicht war es einfach in einer Wohnung aufgenommen. Miles wählte dieses Foto aus und schnitt es in einem Bildbearbeitungsprogramm auf ein Passfotoformat zurecht. Dann loggte er sich in eine Kontaktseite ein. Er ließ sich Zeit, eine passende Anzeige zu formulieren, die er von einem Übersetzungsprogramm ins Festländische übersetzen ließ, und tippte schließlich Buchstabe für Buchstabe ein: „Schnell, sehnsüchtig, immer auf dem Sprung, weltberühmt, aber allein. Ich trage Gold, bin 18 und möchte mit dir um die Welt laufen." Er stellte das bearbeitete Foto mit dem Handspiegel dazu, gab eine Chiffre an und klickte auf „Senden". Dann aktivierte er die Kamera seines Computers und machte Fotos von sich selbst. Mit Silbermedaille, ohne Medaille, Frontalansicht und im Profil. Er schaltete um auf Videoaufnahme. Saß lange nur da, schaute direkt in die Kamera. Irgendwann zog er seine Trainingsjacke und das Trikot aus und begann, seine Brustwarzen zu streicheln. Er fuhr mit den Fingern darüber, er nahm sie zwischen Daumen und Zeigefinger, drehte sacht und machte sie hart. Er warf den Kopf zurück, blieb lange so sitzen. Die auf ihn gerichtete Kamera traute ihrer Linse nicht. Ihm traten Tränen in die Augen. Konnte er sich so getäuscht haben.

Ein Sportler wie Lan trug womöglich Tampons mit sich herum. Wieso nicht. Vielleicht ein Fetisch. Vielleicht hatte Lans Freundin, falls er eine hatte, noch auf Eiland die Trainingsjacke getragen und ihren Tampon in der Tasche vergessen. Vielleicht war alles ganz einfach zu erklären.

Wie ATALANTA nichts Besonderes können müssen will und erläutert, warum Hefe Wärme braucht und Kurkuma gelb ist

Atalanta und ihre Freund_innen sind in Atalantas Container und bereit, deren Abschiebung nach Eiland mit allen Mitteln zu verhindern. Eiland, ein Name, den niemand von ihnen kennt, ein Land, das mit Festland ein Übernahmeabkommen für unbegleitete minderjährige Flüchtlinge, deren Herkunft nicht feststellbar ist, unterzeichnet hat. Außer den fünf Kindern ist niemand da. Es ist früher Nachmittag. Draußen weht ein wütender Wind. Ein Minibus hält vor dem Container, eine Uniform steigt aus, klopft und möchte eintreten, aber es gelingt nicht, die Türklinke hinunterzudrücken. Rufen, Rütteln. Eine Drohung. Stille. Ganz langsam schiebt Curi den Stuhl zur Seite und öffnet die Tür, schaut der Uniform ins verärgerte Gesicht. Die Uniform beachtet das Kind nicht, sie ist gekommen, um ein anderes abzuholen, das auf seinem Bett wartet, knapp stehen kann unter der niedrigen Containerdecke und der Uniform, kaum dass sie eintritt, ins Kreuz springt. Die Uniform schreit auf und fällt. Ihr fliegen Gegenstände um die Ohren: Schuhe, ein Gefäß aus Zinn, Brot, ein Gürtel, Sandalen, eine zusammengerollte Decke, Löffel, Kissen, Kieselsteine, Duschgel, Holzstücke, leere Dosen, alles, einfach alles, was SEHR für diesen Zweck gesammelt hat. „Komplett wahnsinnig!", brüllt die Uniform, die versucht, wieder auf die Beine zu kommen, aber auf feinstem Sand und Senfkörnern ausrutscht. Pfeffer und Chilipulver liegen in der Luft, die Uniform japst und niest. Atalanta wirft mit Worten weiter: „Was fertig los ist mit uns, lässt euch eisig und kalt. Ihr seid süchtig euren Uniformen nach. Und wir fallen aus eurem Rahmen. Warum wollt ihr uns nicht bei euch herum haben?"

„Ruhe! Ruhe, verdammt!", brüllt die Uniform.

„Wieso können wir nicht dahin leben, wo wir möchten? Ich kenne doch in Eiland niemanden aus. Überall werde ich hinausgeguckt und hintergefragt. Alle denken, wieso kommt die ausgewiesen? Will das Festungsland die nicht herum haben?"

„Exakt. Das denken die Leute", sagt die Uniform, noch auf dem Boden, sich die Augen reibend, mit eiskalter Stimme. „Zu Recht. Was kannst du schon? Nichts. Bist einfach ein Kind. Altmodischer Name. Sonderbarer Seemannsgang."

„Ich will zu meinen Eltern wo und wer sie sind zurückhaben. Dann muss ich nichts Besonderes können müssen, nur Kind sein."

„Die verstehen kein Wort." Die Uniform steht auf. Atalantas Stimme ist fast schon unheimlich ruhig, als sie Wort für Wort klarstellt: „Niemand hat ein Recht auf meine Sprache nicht zu verstehen. Ihr versteht nichts wichtig von mir. Ich bin, wie ich bin, und kann doch nichts dafür oder dagegen. Wo soll ich hinkönnen, ich habe keine festliche Adresse mit Mutter im Land und ihr mustert mich aus Festland heraus, das ist doch ungeliebt und schonungslos ohne Aussicht auf Glück!"

„Dann rück raus. Eltern?" Keine Antwort. Die Uniform hält Atalanta, die gar nicht weint, ein Taschentuch hin. Klopft sich Gewürzreste vom Kragen, bedächtig, wechselt den Ton und fährt gänzlich unfestländisch fort: „Schau, wir machen das auch nicht gerne, aber ihr und wir müssen akzeptieren, dass die Dinge sind, wie sie sind. Es sind nicht immer nur die anderen schuld."

Jetzt mischt sich Yula ein: „Ohne Uniformen sind Sie Rückgratlos nackt, Jammerlappen schlapp und innen hohl. Dann wissen Sie mehr nicht, wer Sie sind, wenn Sie nicht die verstärkten Uniformen sind."

„Du. Undankbares Kind!"

„Aber wir Kinderfünf haben das Paradies abgeräumt, ohne alles preiszugeben, wir möchten eine Pause vom dichten Halten", ergänzt Curi, „und ein dauerhaftes Gewinnen für uns. Wir tauchen auf unser Recht auf eine Zukunft, die die Welt von oben sieht. Und ihr geht ex und hopp an jeder Front mit euren geschliffenen Schiffen." Schließlich meldet sich auch Ibu zu Wort: „Wer hat Ihr Gehirn so sauber rausgewaschen? Weiß wie becherloses Joghurt überall herum."

„Jetzt reicht's. Aus! Schluss!" Die Uniform muss niesen, einmal, zweimal, dreimal, eine ganze Niesserie. Diese Gelegenheit ergreift SEHR. Alle fünf sind im Nu aus der Tür hinaus und zwischen den Containern auf und davon. Die Uniform ist zu faul zum Nachlaufen. Sie tarnt das sich selbst gegenüber als Großzügigkeit. Macht Meldung und hält sich im Weiteren an so etwas wie die Verhältnismäßigkeit der Mittel, verzichtet darauf, Hunde einzusetzen.

Die Nacht verbringt SEHR im Inneren eines Klettergerüsts, einige Gehstunden entfernt von der Containerstadt auf einem Spielplatz. Es ist feucht und kühl. Yula plagen Bauchschmerzen, aber Ibu hat schon lange keine Tabletten mehr. Unter anderen Umständen würde Atalanta etwas erzählen oder den anderen Sternbilder zeigen. Die fünf drehen sich von einer Seite auf die andere, strecken die Beine aus und ziehen sie wieder an, legen die Arme umeinander und unter den eigenen Kopf, sie sortieren sich um die Kletterseile herum und in sie hinein, bis sie endlich in einen unruhigen Schlaf fallen. Am nächsten Morgen müssen sie ihren Platz spielenden Kleinkindern räumen. Sie beobachten Mütter mit Kindern, Väter mit Kindern, die an diesem Vormittag so tun, als sei alles richtig so, wie es ist. Ist es nicht. Festländische Uniformen steuern auf den Spielplatz zu. SEHR wehrt sich nicht. Es ist ohnehin zu kalt nachts und sie sind zu alt, um auf einem Spielplatz zu wohnen. Es muss Hinweise von Leuten auf dem Spielplatz an die Uniformen gegeben haben.

Zurück in der Containerstadt hat SEHR immerhin die Gewissheit, sich gewehrt zu haben, erfolgreich für eine Nacht, für das kurze Gefühl, erwachsen zu sein und frei. Fast zwei Jahre schon leben die Kinder an diesem seltsamen Ort. Sie kennen jeden Winkel. Das bisschen Zuhause am Rand von allem lassen sie sich nicht streitig machen. Sie haben nichts anderes. Glückliche Wochen folgen. Ibu perfektioniert das Ergattern von Lebensmitteln, die die fünf für genießbar erklären oder an die sie sich zumindest gewöhnt haben. Atalanta garantiert ihren drei jugendlichen Mitbewohnerinnen ungestörte Zeiten im Container und loyales Schweigen. Dafür bekommt sie Spind Nummer 2 und Frieden. Dän erzählt Witze, die anderen lachen, auch wenn sie den Witz schon kennen. Einfach um sich auszuschütten und weil es Dän ist. Nur ab und an ist es noch nötig, neu angekommene Kinder aus Schwitzkästen und Würgegriffen zu befreien. Dann springt SEHR den selbsternannten Containerstadtbossen in die Kniekehlen und Weichteile, vor die Brust, ins Kreuz, Gesicht und in den Bauch.

Atalanta ist manchmal mit ihren Gedanken weit weg. Sie würde alles geben, um ihr Gesicht in ein Trikot hineinzutauchen, mit den Lippen so etwas wie eine Startnummer nachzufahren, um dann selbst hineinzuschlüpfen in den Körper der mythischen Läuferin und endlich selbst groß und Gewinnerin zu sein.

Einmal erzählt sie den anderen, vor ihrem Container in der Nachmittagssonne sitzend, die Geschichte ihrer Namensgeberin und zitiert aus der Originalerzählung eine ihrer Lieblingsstellen: „Über das Meer, so schien's, wohl könnte sie trockenen Schrittes gleiten und über die Saat weglaufen auf stehenden Ähren." Sie erläutert noch, dass die Geschichte von Ovid sei, aber sie sagt nicht, welchen Ovid sie meint. Davon verstehen die anderen nichts. Und das mit Ilia und der Ilias zu erklären, erscheint ihr auch zu kompliziert. Aber immerhin führt sie aus, warum Curry manchmal gelb und manchmal rot ist und warum der Große Wagen Großer Wagen heißt. Den Rest des Nachmittags träumen sich die Kinder, die fast schon keine Kinder mehr sind, an die Seite ihrer Geschwister, Eltern, Freund_innen, Verwandten, die weit weg sind. Dabei lassen sie ehemals ohnmächtig gemachte Erwachsene stark aussehen, Streits, die lange her sind, wie Diskussionen klingen und übermalen die Erinnerung an von Wut verzerrte Gesichter mit einem breiten Lachen. Am Ende eines traurig-schönen Nachmittags seufzt Dän: „Ich freue mich so durch und durch, mir fällt gar nichts mehr ein, was ich vorsagen könnte." Es folgen gemeinsame Schwüre auf die Zukunft von SEHR: „Wir planen, niemals einzuholen sein vom erwachsenen Werden. Wir stellen alles auf den Kopf über und wollen einschreiten in jedes über uns entschiedene Leben. Niemand wird uns zusammengehörig end los. Wir wollen eine fest gelegte Adresse für SEHR bewohnbar machen. Wir können uns nicht selbst mehr SEHR vergessen. Wir können nie ganz mehr Niemand sein."

Die Festlanduniformen haben den längeren Atem und irgendwann alle Papiere fertig. Gerade als SEHR aufgrund der langen

Zeit, die vergangen ist, beginnt, sich sicher zu fühlen, machen die Uniformierten dem kindlichen Spuk doch ein Ende. Vielleicht hat Curi einmal nicht richtig hingehört. Vielleicht hat Ibu sich zu selbstverständlich im Küchentrakt bewegt und bedient. Vielleicht ist Yula irgendwem im Weg gestanden. Vielleicht hat Atalanta sich zu wichtig gemacht. Vielleicht hätte Dän SEHR bremsen sollen, als das Glück zu weit aus den Containerfenstern hing. Aber vielleicht ist es niemandes Fehler. Sondern ist einfach so. Nach Vorschrift. Amtlich verbrieft und versiegelt. Wird Atalanta abgeschoben. Da weder ihr Nachname eruierbar ist noch ihr Herkunftsland, wird sie nach Eiland abgeschoben. Nicht zuordenbarer Schübling gegen festländisches Geld. Bald nach Atalanta wird auch Curi abgeschoben. Eine ganze Weile später sind Dän und Yula dran. Schließlich Ibu. Alle fünf. In je ein anderes Land. Kurzer Prozess. Noch lange ist in der Containerstadt der Schriftzug zu sehen, auf Lastwagen, in anliegenden Gärten, am Boden vor Bürocontainern und auf Schildern aller Art: SEHR.

ES war unter den Jugendlichen nicht abgesprochen, sondern eine Einzelaktion des Falschen Läufers, F. L., sich abermals per Video, dieses Mal über soziale Netzwerke online, an die Öffentlichkeit zu wenden. Er erzählte im hastig aufgenommenen Clip, der ihn auf einem Stein am Bach sitzend zeigte, von dem Tag, an dem die Startnummer 9, das Original, an ebendiesem Ort Kleidungsstücke geklaut und die Laufmontur samt Goldmedaille zurückgelassen habe. Wie er und seine Freundinnen und Freunde zunächst nicht gewusst hätten, was sie mit den Sachen tun sollen, bis sie die Idee mit den Fotos und schließlich mit der Herausforderung gehabt hätten. Sie hätten die Anzeige gegen Lan übertrieben gefunden. Miles sei von der Sprungattacke weder verletzt noch sonst geschädigt worden. Miles könne einfach nicht verlieren. Dann pries er „**T.**otal **G.**escheitert: Miles!"-Taschen und -T-Shirts zum Kauf an und seine Telefonnummer als Bestelladresse. Kurz nachdem er den Clip online gestellt und verlinkt hatte, lief sein Telefon heiß.

In einer Talkshow, deren Moderator schnell zugegriffen und den Falschen Läufer noch für denselben Abend eingeladen hatte, sprach F. L. vom größten Kick seines Lebens nach seinen bisher durchschnittlich uninteressanten Lebensjahren zwischen Schule, Elternhaus und Freundeskreis. Er grinste den Moderator an. Nein, er habe nicht das Gefühl, zu weit gegangen zu sein. Ein Schaulauf durch eine der Hauptstraßen der Stadt sei doch eine gute Idee. Vielleicht tauche ja der echte Läufer wieder auf und könne dann gegen Miles vom Bahnhof aus in Richtung Staatstheater laufen. Falls nicht, sei die Straße für einen Vormittag abgesperrt, was alle zu Fuß Gehenden sicher zu schätzen wüssten. Und etwas Neues sei es auch. Man müsse positiv denken. F. L. kam in Fahrt. Wie alt er sei. Siebzehn. Wieso Betrug. Niemand habe ihn gefragt, ob er der sei, für den er gehalten wurde. Ob seine Eltern wüssten. Welches Geld. Wer das Video. Nein, er wisse nicht, wo der echte Läufer sei, aber er grüße ihn an dieser Stelle herzlich und würde sich freuen, wenn er bei Gelegenheit seine geliebten alten Turnschuhe von ihm zurückbekomme. Ihm fror das Lachen im Gesicht ein. Mit einem Mal wurde ihm klar, dass es womöglich nicht nur um seine alten Turnschuhe ging. Er suchte nach Halt im Gesicht des Moderators, aber fand nur Fernsehroutine. Seine Freundinnen und Freunde waren nicht da. Er antwortete nicht mehr, auf keine einzige Frage, er verstand sie nicht einmal, er war doch er, er selbst, er war nicht der andere, er hätte demonstrieren können, dass er keine Ahnung von Start- und Lauftechnik hatte, außer welcher Fuß vorn, wann den Hintern hoch, beim Schuss nicht erschrecken. Im Internet waren doch alle auf seiner Seite, hatten Spaß, schickten neue Sprüche für weitere T-Shirts und Taschen. Aber diese Leute hier im Studio in einem Meer aus Weiß wollten ihn fressen, sie knabberten an seinen Ohren, schlugen ihre Zähne in seine Schultern, bissen seine Finger ab, lutschten seine Augen aus den Höhlen, rissen ihm die Haare vom Kopf und die Eingeweide heraus. Er schloss die Augen. Als er sie wieder öffnete, sah er Menschen auf Plastikstühlen sitzen und neben sich eine Person, die immer wieder seinen Namen sagte. Seinen Namen, seinen eigenen, den er seit der Fotografiererei in der Wohnung mit dem ständig kaputten Lift eingetauscht hatte in den Namen F. L. Jetzt konnten sie alle wieder in Ruhe schwimmen gehen und Serien schauen und nichts tun. Das Spiel war vorbei, jetzt konnten sich alle entspannen. Taschen und T-Shirts konnten sie ja weiterhin bedrucken und verkaufen. Die Person neben ihm sagte zum tausendsten Mal einen Namen. Wessen?

ES passierte, als die MS Galaxie an Festland anlegte, um Fracht zu löschen. Hafenpolizei ging schwer bewaffnet an Bord und nahm den Kapitän des wuchtigen Frachtschiffs fest. Er kam in Untersuchungshaft, die Anklage lautete auf wiederholte Begünstigung der unerlaubten Einreise von Flüchtlingen. Ein Besatzungsmitglied musste gesprochen haben. Auf einer von aktivistischen Gruppen organisierten Pressekonferenz in einer ehemaligen Lagerhalle am Hafen übermittelte die Anwältin des Kapitäns folgende Meldung ihres Mandanten an die Öffentlichkeit: Er habe nichts Unrechtes getan. Und. Anstatt über die Personen zu sprechen, die jetzt zu seinem Bedauern in den Händen der festländischen Einwanderungsbehörde gelandet seien, wolle er eine kurze Geschichte erzählen. Der Läufer und Goldmedaillengewinner Lan sei als Kind jahrelang auf der MS Galaxie zur See gefahren. Unter Tausenden würde der Kapitän ihn wiedererkennen, nicht zuletzt an seinem unverwechselbaren Seemannsgang und dem Singsang der ~ Sprache ~, die auf See gesprochen wurde. Hätte er, der Kapitän, dieses Kind damals ausgeliefert, säße es womöglich heute noch in einem Anhaltezentrum, hätte Zeit an sinnloses Warten und strukturellen Rassismus verloren. Im Namen ihres Klienten, fuhr die Anwältin fort, fordere sie an dieser Stelle die Kapitäne und Kapitäninnen, die Fischerinnen und Fischer und alle anderen auf den Meeren auf, wann und wo immer Menschen in See- oder anderer Not aufzunehmen, anstatt sie dem Grenzschutz oder Meer auszuliefern. Das sei ihr Mandant dem ehemals kleinen Passagier, heute schnellsten Menschen der Welt, schuldig. Im Übrigen sei dieser kleine Passagier damals ohne sein Wissen nach Festland eingereist. Schlicht weggelaufen. Aber das sei eine andere Geschichte.

Die Anwältin warf Fotos von Ata per Beamer an die Wand, und auch die Daten eines eilig eingerichteten Spendenkontos für die Prozesskosten. Ob ihr Mandant Kontakte zu Grenzschutzeinheiten habe, wer von der Crew Kenntnis von alldem gehabt habe, um wie viele Personen es insgesamt gehe, wurde die Anwältin gefragt. Sie erklärte, mangels Detailkenntnissen nicht seriös antworten zu können, sie habe den Fall eben erst übernommen, zudem müsse sie ihren Mandanten im laufenden Verfahren schützen. Sie schaltete den Beamer ab, den sie vorsichtshalber selbst aus der Kanzlei mitgebracht hatte. Die Lüftung lief weiter, sie musste sichtlich genervt warten, bis sie den Stecker ziehen konnte. Derlei öffentliche Auftritte verursachten der Anwältin großen Stress. Plädoyers vor Gericht gingen ihr leicht von der Hand, aber vor Medienleuten und aktivistischen Gruppen anstelle eines Mandanten politische Inhalte zu vermitteln, war ihr unangenehm. Dieser Fall war finanziell lohnend, der Mandant binnen kürzester Zeit international bekannt und die eigene Kanzlei konnte einen Schub nach vorn gut gebrauchen. Bei Gelegenheit würde sie sich allerdings genauer überlegen, wie sie aufträte. Anzug oder Kostüm. Oder Jeans und Sakko. Krawatte. Tuch. Welche Tasche, Armbanduhr, ja, nein. Absatz oder flache Schuhe. Die Lüftung hatte sich endlich abgestellt, das Gerät konnte eingepackt werden. Sie bahnte sich mit dem Beamer im Koffer und Akten unter dem Arm einen Weg durch die Leute. Was ihr Mandant von den aktuellen Streikandrohungen der international organisierten Seeleute im untersten Lohnsegment gegen gesundheitsschädigende Arbeitsbedingungen und für angemessene medizinische Versorgung, Entlohnung, Wachrhythmen und Unterbringung an Bord halte, wollte noch draußen, als die Anwältin nach dem kürzesten Weg aus dem Hafengelände suchte, eine Aktivistin wissen. Wie sie, als festländische Anwältin, zu solidarischer Fluchthilfe stehe. Und wie sie mit ihren eigenen Privilegien umgehe. Schließlich verschaffe der Fall ihr vermutlich am meisten Profit. Die Anwältin schüttelte den Kopf. „Profit? Wenn Sie meinen, dass meine Arbeit entlohnt wird, ja. Darüber hinaus weiß ich nicht, was Sie mit Profit meinen." Und was das mit ihr, also ihren Privilegien zu tun habe, fuhr sie fort, und welchen Privilegien überhaupt. Und wieso sie. Und was das solle. Hier gehe es schließlich um Recht, nicht um persönliche Befindlichkeiten. „Eben", antwortete die Aktivistin, die sich bemühte, Schritt zu halten. Die Anwältin schüttelte wieder den Kopf und lachte. „Sie sind auch weiß", murmelte sie, „alle sind weiß, alle hier, also fast, die Leute, die Presseleute, Sie jedenfalls, ich, was haben Sie gegen Weiß, was kann ich dafür, alle sollen sein, wie sie sind, oder, es ist eine Anmaßung, dass Sie mich einordnen, ich bin nicht wie Sie, ich bin nicht Sie, ich bin anders, weiß vielleicht, was weiß ich, niemand ist weiß, wirklich weiß, nur Papier, Kopierpapier, Mehl, nicht bio, Sie auch nicht, Sie nicht, was war Ihre Frage, Fluchtschutz und Grenzhilfe, ich meine Grenzflucht und Schutz vor Hilfe, ich meine, was wollen Sie von mir, wer flieht vor was, und bilden Sie sich bloß nicht ein, weiß zu sein, nur wegen Ihrer Privilegien, falls Sie überhaupt welche haben, was haben Sie schon." Sie reichte der verdutzten Aktivistin die Hand, schüttelte sie zu lang: „Ich denke, ich finde den Weg alleine. Auf Wiedersehen."

Zeitungsartikel, Fernsehsendungen und Radiokommentare, die auf die Pressekonferenz folgten, alle Solidaritätsbekundungen auf Online-Netzwerken und spontan organisierten Demonstrationen in vielen Ländern konnten nicht verhindern, dass der Kapitän zwei Tage später von einem festländischen Schnellgericht für schuldig befunden wurde, Menschen ohne Papiere wiederholt zur Einreise nach Festland verholfen zu haben. Gleichzeitig, am Tag der Verurteilung, wurde der Kapitän von Repräsentant_innen des offiziellen Eiland eingeladen, um ihm zu danken für den seinerzeit selbstlosen Einsatz für den kleinen Passagier. Was eine diplomatische Eiszeit zwischen Festland und Eiland auslöste, aber das war eine andere Geschichte.

Wie ATALANTA die Sterne nicht fertig zählt und losläuft

Als Atalanta auf Eiland, das sie gar nicht kennt, ankommt, wird sie von eiländischen Flughafenuniformen hin und her organisiert, in gesichtslose Wartezimmer, vor provisorisch eingerichtete Apparate zur erkennungsdienstlichen Behandlung und in einen Minibus, ähnlich dem, mit dem sie auf Festland in die Containerstadt gefahren worden ist. Dieses Mal geht es in ein großes ehemaliges Schulgebäude. Mit Atalanta im Bus werden insgesamt acht Personen dort hingebracht und gebeten, in einem großen, freundlichen Zimmer im Erdgeschoss zu warten, wo sie zu essen bekommen. Atalanta sucht ein WC, bekommt es gezeigt, erleichtert sich und klettert aus dem Fenster nach draußen. Niemand ruft nach ihr, niemand hält sie zurück. Sie läuft lange in Richtung Meer. Als ehemaliger Kleiner Kapitän hat sie ein untrügliches Gespür für Richtungen und vom Flugzeug aus hat sie gesehen, dass der Flughafen nicht weit vom Meer entfernt liegt. Die Luft ist warm und wird im Lauf des Tages noch wärmer werden. Sie wandert einen schier endlosen Strand entlang, zwischen Badenden hindurch, dann wieder ist der Strand ziemlich leer. Sie geht immer weiter, wie taub am ganzen Körper. Willenlos wie ein Stück Frachtgut. Niemand. Einfach nicht mehr da, und sie beschließt, alles, was sie bisher erlebt hat, zu vergessen und begraben. Sogar die Menschen, die ihr lieb geworden sind. Ibu, Yula, Curi, Dän, die Frachtschiffbesatzung, Ovid, Ilia und auch sich selbst. „Übrig ein genuckeltes Fell und voll Fruchtzwerg, Salzwasser und Rotz. Und von mir ein festländischer Rest." Sie sagt die letzten festländischen Worte getragen und langsam. Dann zieht sie mit dem linken Fuß Buchstaben in den Sand, ATALANTA, improvisierter Grabstein. Sie legt sich in eine Kuhle neben den Namen der großen

Läuferin aus Sand, schaufelt mit den Händen Sand auf sich, bis sie eingebuddelt ist. Viele lange Minuten lang liegt sie reglos unter dem Sandhaufen, nur Kopf und Hände noch frei, bis ein kleines Kind kommt und sie erstaunt betrachtet. Andere Kinder folgen, Zwei- und Dreijährige, insgesamt sind es fünf Kleinkinder, bewaffnet mit Plastikeimern und Strandspielzeug. Sie zögern keine Sekunde, diesen Sandberg abzutragen und das große Kind auszubuddeln. Atalanta protestiert lautstark, schimpft und droht, aber die Kleinen verstehen ihre Worte nicht und lachen über den komischen Klang. Atalanta kommt nicht nach mit dem Festklopfen von Sand, den die Kinder von ihr herunterschaufeln. Als sie aufsteht, rennt eines der Kinder los, alle anderen hinterher, dahin, wo Menschen am Strand liegen. Endlich. Atalanta nimmt einen liegen gebliebenen Eimer und schaufelt damit ihre Kuhle im Sand noch tiefer aus. Legt sich hinein und beginnt noch einmal von vorn.

Gerade frisch eingebuddelt wird sie von einem Kitzeln am rechten Fuß aufgeschreckt. Wo sie hinschaut, Kleinkinder. Mindestens doppelt so viele wie vorher. Das Kitzeln am Fuß wird durch intensives Schaben eines Kindes mit Windelpaket ausgelöst, das offenbar noch nicht weiß, wie mit einem Schippchen umgehen. Jemand hält die rechte große Zehe. Ein Kind drückt seinen Eimer auf Atalantas Gesicht und setzt sich drauf. Atalanta bricht fast der Kiefer. Sie wirft Kind und Eimer ab und brüllt alle an. Einige schauen erschrocken, andere lassen sich nicht stören, das Windelkind beginnt zu weinen. Einem Kind, das sie auslacht, wirft Atalanta eine Ladung Sand ins Gesicht. Das Kind reibt sich die Augen. Dann greift es in seinen Eimer und wirft Sand zurück. Andere finden das lustig und werfen ebenfalls mit Sand nach Atalanta. Sie läuft davon. Sie lässt sich nicht bewerfen. Auch von Kleinkindern nicht.

Erst nach einer halben Stunde merkt sie, dass ihr Anhänger mitsamt Lederband fehlt, Ovids Ölfässchen. Ohne auch nur einen Moment zu überlegen, dreht sie um und geht zurück bis zu der Stelle, an der sie sich eingebuddelt hatte. Kein Kleinkind weit und breit, keine Badenden mehr. Ein gelbes Plastikförmchen liegt herum, als hätte es auf sie gewartet. Die Kuhle, ihr Grab, ist noch erkennbar. Sie sucht nicht lange im Sand, bis sie das Lederband in Händen hält und die Ölfassminiatur. Von ihren in den Sand gezogenen Buchstaben sind nur noch einige zu sehen, ...LAN.. Die ersten drei Buchstaben, ATA, und TA, die zwei letzten, fehlen. Vermutlich von den Kinderfüßen verwischt oder vom Wind verweht. Sie schaut auf das Meer. Über die Erinnerung an den Geruch von nassem Tau, von Maschinenöl, getrocknetem Fisch und Ilias Teigbällchen droht ihr das Herz auseinanderzubrechen. Nicht nachdenken. Nicht erinnern. ATALANTA gibt es nicht mehr. Übrig ...LAN.., was immer das sein soll. Sie macht sich wieder auf den Weg, kommt durch Feriensiedlungen, geht an großen Straßen entlang, die dem Ufer folgen. Sie trinkt Wasser aus öffentlichen Brunnen, sie isst Früchte von Bäumen, deren Äste aus den Vorgärten über den Gehweg hängen. Sie liegt in leeren Strandkörben und ruht sich aus. Immer wieder geht sie direkt am Wasser entlang. Die Dämmerung legt sich ihr in den Weg, bevor sie einen Plan hat, wie es weitergehen soll. Rötlich schimmernde Felsen, die etwa 200 Meter weit im Wasser stehen und das Abendlicht einladen, sie noch röter einzufärben, lassen Atalanta schließlich innehalten. Es scheint kein von Tourismus frequentierter Ort zu sein. Das Meer liegt ruhig da, langsam wird es schwarz. Atalanta ist allein. Die Lippen fühlen sich rau an. Todmüde ist sie und kann doch nicht schlafen. Zählt Schafe, unendlich viele Schafe. Zählt Sterne. Unendlich viele Sterne. Nichts hilft, sie ist hellwach. Der

Mond gibt Licht, so gut er kann, das Meer schlägt seinen nächtlichen Rhythmus sanft auf den Sand. Stunden vergehen. Salzwasser! Lippenstift! Maschinenraum! Stern! Passierschein! Lauf! Atalantas Stimme schlägt eine Schneise in die Stille und grüßt die Papageien, die aber davon nichts wissen. Niemand antwortet. LAN. Buchstaben statt Zahlen. Ein L, ein A, ein N. Lauf! Lan! Lauf!

Mit diesem neuen Namen läuft Lan los und lässt alles zurück, den leeren Strandabschnitt, die nicht fertig gezählten Sterne, den Plan, nie mehr aufzustehen, den Namen und das Mädchen Atalanta, und rennt so schnell wie noch nie. Der Mond hilft, taucht jede Unebenheit des Weges in genügend Licht, sodass Lan nicht stolpert. Es ist kein Laufen, mehr ein Fliegen, durch Sand, über Steine, eine kurvige, staubige Bergstraße hinauf und wieder hinunter in eine karstige Ebene. Gegen zwei Uhr früh erreicht Lan die ersten Häuser. In die nächtliche Stille, die über dem Ort liegt, bricht das Knattern von Vespas ein. Zwei Jugendliche düsen hupend vorbei, die dritte bremst ab und lädt Lan bei laufendem Motor ein, aufzusteigen. Vor dem einzigen Haus, in dem noch Licht brennt, halten sie wenig später an. Lan schaut in fragende Gesichter und dann verschwimmt alles.

In einem spärlich eingerichteten, aber einladenden Zimmer kommt Lan zu sich. Wo er herkomme, fragt die Bewohnerin und wiederholt ihre Frage mit Händen und Füßen. Mittels Papier und Filzstiften antwortet Lan auf einer Skizze. Misstrauisch betrachtet die Dame die Zeichnung, glaubt nicht, dass dieses Kind den ganzen Weg von den roten Felsen bis hierher gelaufen sein kann.

„Lan", stellt Lan sich vor.

„Lan?"

Lan schreibt …LAN.. auf.

Ein Nicken und dann ein unbekanntes Getränk und etwas Unbekanntes zu essen. Die drei Jugendlichen, nur wenige Jahre älter als Lan, tauchen erst zu einem späten Frühstück auf.

Von der Nacht an läuft Lan, erst kurze Strecken, dann längere, jeden Tag ein Stück weiter, einige Minuten länger, läuft als ER, nachdem seine Gastgeberin ihm einige Kleidungsstücke, Leihgabe ihres jüngsten Enkelsohns, inklusive Unterhosen mit Schlitz, hingelegt hat. Unterhosen neu, Name neu, alles neu, Lan läuft und läuft und läuft, süchtig nach dem Takt der Füße, nach dem wechselnden Boden unter den Schuhen, nach Hügeln und Ebenen, nach der Weite des Meeres und dem Gefühl, Eiland zu umlaufen, zu umarmen und in den Händen zu halten. Das Gelände kann nicht wild genug sein, er läuft weder Straßen noch Wege entlang, sondern querfeldein, in den wenigen Pausen lauscht er dem Wind, der den Staub aufwirbelt, und dem Rauschen des Meeres, schaut in den Himmel auf der Suche nach Sternschnuppen, die es über den Rändern von Eiland zahlreicher gibt als irgendwo sonst. Er läuft den ganzen heißen Sommer lang, läuft und läuft und läuft, der Sommer ist längst in einen milden Herbst übergegangen, läuft in den Winter hinein und dem nächsten Jahr entgegen und hört und hört nicht mehr auf.

Nebenbei lernt Lan Eiländisch. Eine Sprache, in der es weder e noch i als einzelne Vokale gibt, sondern ei ein eigener Buchstabe ist. Mithilfe der ehemaligen Schwimmlehrerin des eiländischen Sportinternats, die ihm inzwischen glaubt, dass er von den roten Felsen bis zu ihrem Haus gelaufen ist, findet Lan in ein neues Leben hinein und probiert das ER an wie die Unterhosen und wie die neue Trainingsjacke, die er im Sportinternat, in das er aufgenommen wird, ausgehändigt bekommt. Die Jacke mit dem Emblem des Internats, Schwarz auf Gelb, passt. Das ER, mit dem ihn alle im Internat automatisch adressieren, passt auch. Lan denkt nicht darüber nach, wieso das so ist. Es ist so, es ist neu, alles ist neu, was war, das war. Keine Kompromisse. Das eiländische Sportministerium übernimmt die Schulkosten für diesen Schüler ohne Nachnamen und auch die mit Leichtathletik Befassten des Internats setzen sich nicht nur aus Menschenliebe für Lan ein, sondern erkennen am ersten Tag auf der roten Laufbahn der schuleigenen Sportanlage sein ungeheures Talent. Lans Förderin, selbst Ex-Leistungssportlerin, die über die ersten Monate im Internat den Kontakt gehalten hat, bietet Lan an, die schulfreien Zeiten bei ihr in dem bescheidenen Haus im Hinterland von Eiland zu verbringen, eine staubige Busfahrt über die kurvige Straße entfernt vom Strand mit den roten Felsen. Nach anfänglich reserviertem Verhalten ihrer drei Enkelkinder wird Lan schließlich aufgenommen, für diese ersten und alle folgenden Ferien. Er nennt seine Gastgeberin Artemis, nach jener Göttin, die die Bärin beauftragt hatte, für das von Vater Iasos ausgesetzte Kind zu sorgen, und so das Kind Atalanta gerettet hatte. Schulterzuckend akzeptiert Artemis den neuen Namen, mit dem einzelnen e und i gänzlich uneiländisch und irgendwie interessant klingend.

ICH wurde, wie ich inzwischen aus Gratiszeitungen wusste, die an Haltestellen des öffentlichen Verkehrs auflagen, nach Bekanntwerden des Betrugs durch den falschen Läufer und der Aussage des Kapitäns der MS Galaxie offiziell gesucht. Sogar eine Prämie war auf mich ausgesetzt. Nicht weil ich als gefährlich galt. Sondern um diesem ganzen Spuk ein behördlich souveränes Ende zu bereiten. Um alles, was aus der Kontrolle von Sportwelt und Grenzregimes geraten war, wieder einzurenken. Es hieß, jedenfalls in Gratiszeitungen, dass sogar internationale Geheimdienste auf mich angesetzt waren, aber das glaubte ich nicht. Ich war doch nur ein Läufer, gewesen jedenfalls, süchtig nach dem Takt meiner Füße, immer auf dem Sprung, auf dem Weg nach oben an die Weltspitze, in die vollkommene Unabhängigkeit. Es war ein inneres Uhrwerk, das in mir getickt hatte. Nur nie stehen bleiben, den Rhythmus des Uhrwerks atmen, in seiner Frequenz mein Herz schlagen machen. Rausch der Exaktheit. Wer selbst in Bewegung war, konnte nicht so leicht weg- und abgeschoben werden. Wer am schnellsten war, konnte überall bleiben und in den Farben des jeweiligen Landes gewinnen. Siegerinnen und Sieger wohnten nicht in Containerstädten, sondern in Sporthotels und Luxusappartements in eigens von namhaften Architekturbüros gebauten Anlagen, versteckten sich nicht in Laderäumen von Frachtschiffen, weil sie erster Klasse reisten. Aber irgendetwas war gründlich schiefgelaufen. Jedenfalls saß ich weder in einem Sporthotel noch einem Luxusappartement, und ich hatte auch keine gültigen Papiere oder auch nur eine einzige Münze in der Tasche. Von meiner Medaille ganz zu schweigen. Ich hatte Hunger und Durst. Wie schon während der letzten Tage strich ich durch die Gänge des nächstbesten Supermarkts auf der Suche nach dem Müllraum. Ich fand den Bereich, zu dem nur das Personal Zugang hatte, und wartete, bis alle Mitarbeitenden an die Kassen oder zur Kundschaft geklingelt wurden. Blitzschnell lief ich durch die Sperre aus zerkratzten Hartplastikbahnen in die Warenanlieferung und von dort in den Müllraum, der zum Glück nicht abgeschlossen war. In einer Reihe standen die Müllcontainer. Einladend hätte die Reihe gewirkt, ganz in Silber, wenn nicht der faulige Abfallgeruch daran erinnert hätte, wo ich war. Ich hörte einen Einkaufswagen oder etwas anderes Fahrbares näher kommen. Schob den gewölbten Deckel des erstbesten Müllcontainers auf, kletterte hinein und zog von innen den Deckel wieder zu. Etwas wurde, soweit ich hören konnte, abgeladen und weggeworfen, zum Glück in einen anderen Behälter. Trotzdem duckte ich mich tief zwischen beschädigte Nudelpackungen, verschimmeltes Obst, Tomatendosen, altes Brot, und Artikel, deren Haltbarkeitsdatum vermutlich abgelaufen war, die aber erfahrungsgemäß teilweise noch brauchbar waren. Ich versuchte, durch den Mund zu atmen. Irgendwie kam mir das alles bekannt vor, aber ich wusste nicht, wieso. Als es wieder ruhig war, schob ich den Deckel ein Stück zurück, ein paar Zentimeter, sah niemand und kletterte hinaus. Paprika! Truhe! Curry! Zimt! Ich erschrak zu Tode. Kein Mensch war da. Ich konnte nicht mehr unterscheiden, woher die Stimmen gekommen waren. Ebenso wenig wusste ich später, wie ich aus diesem Supermarkt wieder herausgekommen war.

Ich war drauf und dran, mich der Polizei auszuliefern, ließ aber den Gedanken wieder fallen. Ich würde wohl kaum die Prämie zur Ergreifung meiner eigenen Person einfordern können. Außerdem wollte ich nie wieder diesen Uniformen ausgeliefert sein. Wie wichtig war es mir gewesen, gerade in Festland anzutreten und zu gewinnen. Und jetzt saß ich da, ohne alles, wie schon einmal. Ich hasste dieses Land. Immer saß es am längeren Hebel. Ruhe- und ratlos strich ich durch die Straßen der Stadt, bis ich an einem Schaufenster vorbeikam, vor dem junge Leute mit Getränkedosen in der Hand auf dem Gehsteig standen. Drinnen gab es Videoprojektionen, ein Buffet und Musik. Kurzerhand ging ich hinein. Steuerte geradewegs auf die belegten Brote zu, ohne auch nur den Anschein zu erwecken, wegen der Veranstaltung oder der Videos gekommen zu sein. Gerade spülte ich mit Eistee nach, als ich sie sah. ÜRKIS. Das T fehlte. Nur die Umrisse waren noch zu sehen. Unter der türkisen Kappe die Jugendliche vom Bach, die mich im Wald verfolgt und mit Erde beworfen hatte. Zugegeben, ich hatte ihre Anziehsachen oder die ihrer Freunde und Freundinnen geklaut. Oder besser gesagt, ausgetauscht. Immerhin gegen eine Goldmedaille. Aber das hatte sie in dem Moment unserer kurzen, aber gewissermaßen intensiven Begegnung noch nicht wissen können. Jetzt stand ich in einem aufgelassenen Ladenlokal im Zentrum der Stadt, wusste nicht, ob ich vor der türkisen Kappe davon- oder zu ihr hinlaufen sollte. In dem Moment fiel ihr Blick auf mich und auf das Muster meines Kleides, das sie offensichtlich sofort erkannte. Ich nickte verhalten. Sie nickte auch. Zu spät zum Weglaufen. Sie kam auf mich zu. „Du bist es."

„Ja. Nein. Wer?", stammelte ich.

„Mitten in der Stadt, während alle Welt dich sucht. Weiß nicht, ob ich dich erkannt hätte ohne –"

„Pscht", zischte ich.

„Steht dir gut", sagte sie.

„Findest du?"

„Egal." Sie nahm meine Hand, sie nahm einfach meine Hand, und zog mich durch den Raum und eine steile Treppe voller sich unterhaltender Leute hinunter Richtung Musik. In einem nur von einer angestrahlten Diskokugel beleuchteten Keller wurde getanzt. Sie tanzte übergangslos mit, ließ meine Hand los und mischte sich unter die Leute. In meinem Outfit kam ich mir fehl am Platz vor. Wenigstens war es ziemlich dunkel. Ich wusste nicht, wohin mit mir, also begann ich, meine Füße langsam hin- und herzubewegen. Meine Füße, die ich seit Jahren fast ununterbrochen hin- und herbewegte, zierten sich. Sie wussten nicht, wie ihnen geschah, sie kannten sich nicht aus. Ich erklärte ihnen nicht, wieso es nicht geradeaus ging, sondern sie sich mit einem kleinen Fleck harten Steinbodens zufriedengeben mussten. Meine Ohren nahmen die Musik auf, meine Augen hielten sich an der türkisen Kappe fest. Ich versuchte, nicht daran zu denken, wie ich aussah, und auch nicht daran, ob die anderen sehen konnten, dass ich noch nie getanzt hatte. Meine Füße wussten immer noch nicht, was zu tun war. Aber meine Hüften machten die kreisenden Bewegungen anderer Hüften nach. Ich schloss die Augen. Nach und nach zogen die Hüften den Oberkörper mit, die Schultern auch, mein Hintern machte, was er wollte. Ich tanzte. Nie war ich als Jugendlicher mit den Enkelkindern meiner Trainerin zum Tanzen gegangen. Ich hatte nicht gewusst, was „tanzen" heißt. Ich hatte nicht gewusst, dass ich es konnte. Ich hätte es nicht als das erkannt. Ich hätte meinen Körper bewegt, irgendwie, unverbunden. So viele Jahre Tanzen verpasst. Ich achtete nicht mehr darauf, nicht aufzufallen. Sondern fing an, mit beiden Füßen hochzuspringen. Nicht nach vorn springen, über eine Ziellinie. Sondern hochspringen, am Platz, länger werden, höher werden. Die Arme von mir werfen. Den Kopf mit werfen. Ich hatte mich noch nie nach oben geworfen. Ich wollte alles jetzt machen, was ich in Zukunft noch nie gemacht haben würde.

Sie wohnte mit ihrer Schwester und deren Freund in einer Wohngemeinschaft, im ersten Zimmer links, das von einem langen, spärlich beleuchteten Flur abging. Wir lagen in ihrem Zimmer herum, sie auf ihrem Bett, ich auf einem Stapel Kissen an der gegenüberliegenden Wand. Sie schlug vor, die neuesten Meldungen über mich aus dem Internet zu fischen. Oder mit ihren Freundinnen und Freunden, die offenbar um diese Zeit auch noch wach waren, zu chatten. Oder uns zu betrinken. Oder die Presse einzuladen. Oder einfach liegen zu bleiben. Wir entschieden uns für Letzteres. „Wie heißt du?", fragte ich.

„Egal, gib mir einen Namen, du hast dir vermutlich auch einen neuen zugelegt", antwortete sie.

„Ürkis", schlug ich vor.

In Reichweite meines Kissenbetts lag ein Lippenbalsamstift auf dem Boden. Ich hielt ihn ihr fragend hin. Sie nickte. Ich musste mich beherrschen, um ihn nicht aufzuessen.

ES fühlte sich richtig an, als die Trainerin den Schlüssel im Schloss drehte. Endlich zurück auf Eiland und zu Hause. Sie ging, das Gepäck stand noch im Flur, durch die Zimmer. Öffnete alle Fenster. Hörte den Anrufbeantworter ab, keine Nachricht von Lan. Nichts. In der Leere des Moments fiel ihr wieder ein, plötzlich und glasklar, warum sie unmittelbar vor dem Start zum 100-Meter-Lauf Lan in der Garderobe überrascht hatte. Das unbestimmte Gefühl, sie würden einander nie wiedersehen, keine Zukunft haben. Unruhe vor einer Veränderung, die sich nicht greifen ließ, vielleicht großer Nervosität geschuldet. Vielleicht aber auch ein Zeichen dafür, dass Lan zu gut geworden war und sich nach einer neuen Trainerin, einem neuen Trainer umsehen würde. Vielleicht weiß werden, sie schwärzer machen würde, der Kontrast zu groß würde. Zwischen ihnen. Sie wünschte, sie wäre Lan nicht zu nahe getreten, als sie entgegen jeder Gewohnheit im

Umkleideraum aufgetaucht war und Lan dort mit einem Tampon in der Hand antraf, dabei, das Zellophan abzuziehen. Ihr wurde schwindlig. Sie atmete tief durch und trank ein großes Glas Wasser. Noch eins. Die Trainerin wollte die Erinnerung wachhalten an ein ungewöhnliches Kind zwischen Mädchen und Junge, das eines Nachts bei ihr vor dem Haus gestanden hatte, ohne Nachnamen, ohne Pass, ohne Eiländisch zu sprechen, ein Kind allein, das ihr einen neuen Namen gab und den kleinen Ort am Meer in seinen Olymp verwandelte. Das alles, fand die Trainerin, sei echte Dramatik, das sei Leben. Sie würde bis an ihr Lebensende dafür kämpfen, dass es nicht verwechselt würde mit falschen Tränen, aufgeblasenen Plastikherzen und inszeniertem Fernseh-Pathos. Das war ihr wichtig. Das wollte sie sich nicht nehmen lassen. Sollte doch der überspannte falsche Läufer mit dem eitlen Miles auf goldenen Laufbahnen ins Paradies spurten oder von den Göttern der Medienimperien als glänzendes Muskelpaket in den ewigen Ruhm verbannt werden. Sollte doch ihre Enkelin sich wichtig fühlen und erfinden, was sie wollte. Großmutter-Sein war genauso vorbei wie Mutter-Sein. Hier und jetzt streifte sie sie ab, die Familie. Sie brachte ihr Gepäck ins Schlafzimmer, zog sich einen Badeanzug an, wickelte sich in ihr von der Sonne schon ausgebleichtes Lieblingstuch, schlüpfte barfuß in Turnschuhe und lief, ohne die Haustür abzuschließen, zur Haltestelle. Dort musste sie eine knappe Stunde warten, bis der Bus kam. Von der Ausstiegsstelle war es nicht weit bis zum Strand. Die roten Felsen lagen im Abendlicht im Wasser. Sie streifte Turnschuhe und Tuch ab und lief ins Wasser, kraulte auf die Felsen zu. Sie würde einfach immer schwimmen.

ES war ihre Nummer, die er wählte. Weil er sie eingespeichert hatte. Und sie in einer Wohngemeinschaft wohnte, keine Eltern weit und breit. Und weil sie ihm ihre türkise Kappe aufgesetzt hatte, im Stadion, Block B7, als er alle verrückt gerasselt hatte. Sie hob nicht ab. „Hallo, hier ist F. L." Er legte auf, wusste nicht, was er auf ihre Mailbox sprechen sollte. Seine ganze Pubertät hindurch hatte er sich mehr Dramatik in seinem Leben gewünscht, hier und da einen Albtraum wenigstens oder etwas anderes Verstörendes. Einfach nur, um nicht in Unbedeutendheit unterzugehen. Jetzt sehnte er sich die Jahre zurück, in denen sich nichts Wesentliches ereignet hatte. Er rief noch einmal an. Vielleicht hatte sie das Läuten nicht gehört, vielleicht hatte sie gerade mit jemand anders telefoniert. Wieder nur die Mailbox. Er überlegte, direkt zu ihr hinzufahren, unangekündigt. Was aber würde er ihrer Schwester oder deren Freund sagen, falls sie nicht zu Hause wäre. Ob der Aufzug heute in Betrieb war. Niemand wusste, wo er sich aufhielt. Er hätte nicht sagen können, ob er vor der Öffentlichkeit oder seinen Freundinnen und Freunden weggelaufen war, deren Spaß am Spiel er auf eigene Faust beendet hatte. Seinen Eltern hatte er eine Nachricht auf den Esstisch gelegt. Dass er spontan verreist sei, alles für eine Zeit hinter sich lassen und garantiert keine weiteren Talkshows mehr besuchen wollte. Jetzt, aus der Entfernung, klang es wie ein Abschiedsbrief. Zumal er die Notiz in der Sprache geschrieben hatte, die seine Eltern miteinander sprachen. Zusätzliche Dramatik. So hatte er das nicht gemeint. Worte waren noch nie seine Sache gewesen. Nichts war wirklich seine Sache gewesen, schon gar nicht Worte. Mit den anderen Zeit verbringen, Musik hören, schwimmen gehen, sich einrauchen, Musikvideos schauen. Alles keine wirklichen Sachen. Aber seins gewesen.

Er saß am Bach, die anderen waren nicht da, niemand würde

kommen, es war ein Wochentag. Er warf Steine in den Bach und Holzstücke, die er im Sitzen erreichen konnte. Irgendwann waren keine Steine oder Holzstücke mehr in Reichweite. Also saß er da, ohne etwas zu werfen. Wettkämpfe interessierten ihn nicht. Hundertstelsekunden, Millimeter, die entschieden. Wer brauchte das. Er rief ein drittes Mal an. Hinterließ eine Nachricht. Sie würde die Nachricht hören und ihn anrufen. Ganz sicher. Hundert Prozent. Garantiert. Feuerfest. Einbruchsicher. Unverwundbar.

ICH wachte mitten in der Nacht auf, hatte Durst. Als ich die Augen öffnete, sah ich Ürkis auf der Fensterbank vor einem mondlosen Himmel mit ihrem Computer auf den Knien sitzen. Sie merkte nicht, dass ich aufgewacht war. Ich verzichtete darauf, den Durst zu löschen, sondern blieb liegen, nickte wieder ein, wachte wieder auf. Fand Ürkis jedes Mal in derselben Haltung sitzend. Sie tippte kaum, sondern bewegte die Finger blitzschnell über das Touchpad. Die leisen Töne ließen auf ein Spiel schließen. Ich schlief wieder ein. Wachte das nächste Mal auf, als es schon hell war. Ürkis saß inzwischen auf dem Boden, an die Zimmertür gelehnt, das Gerät auf ihren Beinen. Als ich das nächste Mal wach wurde, lag sie im Bett und schlief. Der Computer im Ruhezustand neben der Tür auf dem Boden. Gerne hätte ich sie gefragt, ob der falsche Lan einer ihrer Freunde war, einer vom Bach, einer, dessen Schuhe ich womöglich genommen oder dessen Boxershorts ich zurückgelassen hatte. Ob es seine Idee gewesen war, Miles herauszufordern. Als Lan, als ich. Was er sich dabei gedacht hatte oder damit bezwecken wollte. Ob sie, Ürkis, auch beteiligt gewesen war. Wie die Sache jetzt weiterging. Ob sie sich überlegt hätten, was das für den echten Läufer, für mich, bedeutete. Wie schnell mein Doppelgänger laufen konnte und ob er mir tatsächlich so ähnlich sah. Noch mehr Fragen wollte ich stellen, aber was, wenn sie keine einzige beantwortete. Wenn sie nur sagen würde: „Ich frage dich auch nicht aus." Ich war damit beschäftigt, zu überlegen, ob ich aber gerne ausgefragt würde, als sie sich auf die Seite drehte und wieder einschlief. Vielleicht hätte ich auf dem Computer Antworten gefunden, aber erstens traute ich mich nicht, ihn einfach zu nehmen, und zweitens verwendete jemand wie Ürkis sicher jede Menge Passwörter.

Ich hatte noch nie mit einer anderen Person geschlafen. Sie vielleicht schon, wahrscheinlich schon. Wenn ich Sex haben wollen würde, und wenn sie Sex haben wollen würde, und wenn wir beide miteinander wollen würden, wenn, also vielleicht, also falls, wie konnte das gehen. Was musste ich tun. Was wäre der Anfang. Was wären wir, unsere Körper, hieße das lesbischer Sex. Aber ich war doch Lan, ...LAN.. Ich wusste nichts. Intimität, Flüssigkeiten, Austausch. Finger und Lippen. Safer Sex. Nur wie. Wo. Ich konnte nicht so schnell denken, wie die Begriffe kamen. Ürkis war vielleicht erfahren. Aber nicht wach, um sie zu fragen. Ich hätte mich sowieso nicht getraut. Die Fragen in meinem Kopf stießen einander weg, zu wenig Platz. Ich wusste nichts. Wie alt waren andere mit achtzehn. Volljährig. Volle Jahre. Voller was. Meine Jahre waren voll gewesen mit Laufen, mit Wind, Sonne, Sand, heißem Asphalt, Staub, roten oder grünen oder grauen Laufbahnen, Duschen, dem Geruch von Turnschuhen. Ich wusste nichts. Ich wusste nicht, ob ich glücklich oder unglücklich war, ob ich volle Jahre hinter mir hatte oder leere Jahre. Ob ich war, wie jemand mit achtzehn war. Ob ich achtzehn war. Nicht einmal meinen Geburtstag wusste ich. Vielleicht war ich noch gar nicht volljährig. Vielleicht hatte ich kein Recht, allein hier zu sein. Erwachsen zu sein. Konnte jedes Jahr voll sein. Würde ich dann nicht überlaufen. Leben würde an meinen Seiten herunterrinnen, vorn auch, über meine Brust, und würde sich in meinem Stützverband festsaugen und einen warmen Ring um meine Brust bilden. Ich würde den Ring langsam nach unten schieben, auf meinen Bauch, würde einen warmen Bauch kriegen. Würde den Ring weiter Richtung Füße schieben, auf meiner Hüfte und dem Hintern innehalten, ein Gefühl zwischen Kindersitz und Korsett, zwischen Windel und Monatsbinde. Und dann würde der Ring aus elastischem Stoff meine Beine hinabgleiten und einen Kreis auf dem Boden bilden, in dem meine Füße tanzten. Ich schloss die Augen, gab mich meinem halbwachen Zustand hin. Bis der Durst wieder anklopfte. Leise stand ich auf, suchte vergeblich den Lichtschalter im fensterlosen Flur, tastete mich weiter bis zu einer Tür, die dankenswerterweise offen stand, die Küche. Ich trank die Wasserleitung leer. Niemand sonst schien wach zu sein. Ich setzte mich hin, legte die Arme auf den Küchentisch und meinen Kopf auf die Arme.

Ich hatte Ürkis schon nackt gesehen, bei unserer ersten Begegnung am Bach. Aber sie hatte mich noch nicht nackt gesehen. Sie würde „Darf ich?" fragen, und mir das Unterhemd, das sie mir zum Schlafen geliehen hatte, ausziehen. Ich hätte den Impuls, es anzubehalten, aber dann würde ich ihre Finger spüren wollen, ohne Stoff, auf der Haut. Sie würde mit beiden Zeigefingern die Bahnen meines Stützverbands nachfahren und die Klammern öffnen. Mich auswickeln, sorgfältig, Runde um Runde, bis ich mit nacktem Oberkörper vor ihr säße. Niemand hatte mich nackt gesehen, seit ich mit den anderen Kindern in der Containerstadt SEHR gegründet hatte. Ich würde zittern, aber nicht vor Kälte. Zwischen meinen kleinen Brüsten hinge das gestreifte Ölfässchen am

Lederband, wie immer. Wenn sie mir die Schlafhose, die sie mir geliehen hatte, auszöge, fiele ihr Blick auf meine Unterhose. Sie würde erkennen, dass vorn etwas eingenäht war. „Ich wette, Miles weiß das", wäre ihr einziger Kommentar dazu, ihr einziger verbaler Kommentar. „Darf ich?", würde ich fragen und warten, ob sie nickte. Sie würde nicken. Ich würde ihr den Schlafanzug ausziehen. Und mir selbst meine Unterhose. Wir lägen nackt aufeinander. Würden herumrollen und die Scheu verlieren. Meine Lippen wären gesprungen, alles andere als weich. Aber das würde sie nicht stören.

Mein rechter Arm war eingeschlafen. Ich hob den Kopf vom Küchentisch, es war hell geworden. Ich schaute aus dem Fenster in einen klaren Morgenhimmel.

ES kam, wie es kommen musste. Dabei war es nicht Miles selbst, der Schadensersatz verlangte. Für die Beschädigung seiner Integrität als Läufer. Für hohe Summen, die in die Organisation und Bewerbung des Schaulaufes durch die Innenstadt investiert worden seien. Für und für und für. Meils.com forderte astronomische Summen von dem falschen Läufer. Andernfalls werde man. Er solle nicht wagen, zu. Die Firma scheue keine. Er habe eine Frist von. Gegebenenfalls könne auch. Man behalte sich rechtliche.

MILES hätte es wissen müssen. Hunderte von Antworten auf seine Anzeige. Alle wollten Lan. Es hatte gereicht, dass er eine schmachtende Kontaktanzeige online stellte. „Schnell, sehnsüchtig, immer auf dem Sprung, weltberühmt, aber allein. Ich trage Gold, bin 18 und möchte mit dir um die Welt laufen", und dazu ein Foto von Lan. Miles klappte den Computer zu. Er war keinen Schritt weiter.

Wenn er Lan erpresste, würde dieser die schnellste Frau der Welt bleiben, der schnellste Mensch der Welt und Frau. Einfach alles. Ein Ziehen in der Brust, eine nie gekannte Sehnsucht. Nach dem anderen. Erfasste Miles. Nach dem einzigen Körper, der einzigen Person, die ihn außer sich und um den Schlaf und jegliche Vernunft gebracht hatte. Er wollte Lan schwindlig machen. Nicht nur im Laufen. Nicht nur mit dem gemeinsamen Rausch der Geschwindigkeit. Der Gedanke, der neue Gedanke, sich womöglich als Mann zu einem Mann hingezogen zu fühlen, löste nichts Besonderes in Miles aus, es war naheliegend, möglich. Verbunden sein. Vielleicht war das der fehlende Teil zu einer Verbindung. Zu einem anderen Menschen. Miles schwirrte der Kopf. Die beiden schnellsten Menschen der Welt, Lan, Miles. Ein Mann, der eine Frau war, und ein Hetero, der ein Homo war. Und wenn ich aber nicht schwul bin, dachte Miles, wenn ich sie will. Weil Lan eine Läuferin ist. Bin ich dann neutral. Ihm gingen die Begriffe aus und damit weitere Vorstellungen von sich selbst. Miles war immer noch Miles und konnte nicht so schnell ganze Welten denken und fühlen, von denen er bis vor Kurzem nicht die leiseste Ahnung gehabt hatte, die er sogar weit von sich gewiesen und als verrücktes Zeug abgetan hätte. Verbunden. Miles wurde ein zweites Mal geboren. Alles neu. Er stand auf, warf sich auf das Bett, auf dem sein Trainingsanzug lag, er biss in den weißen Stoff, er wickelte sich hinein, warf sich herum, knüllte das Weiß zusammen, roch sein eigenes Parfüm, grub die Nase hinein.

ICH bin's, liebe Eltern,

Ata, Atalanta, Lan, wie auch immer, ich bin's, euer Kind. Ich schreibe euch einen Brief. Ich weiß die Adresse nicht, also werde ich ihn nie losschicken. Eure virtuellen Adressen weiß ich auch nicht, falls ihr welche habt. Also wird euch nichts von mir erreichen. Ich schreibe trotzdem. Da ich euer Land, in dem ich geboren bin, nicht kenne, kann ich nur hoffen, dass ihr diese Sprache versteht. Ich weiß nicht einmal, ob ihr zwei seid, eine Mutter und ein Vater. Ata Ata. Es ist früh am Morgen, ein heller Himmel. Bei euch auch?

Wenn ihr fernseht und wenn ihr euch für die Spiele und für Leichtathletik interessiert, habt ihr mich vermutlich gesehen.

Und erkannt, nehme ich an. Ja, ich bin euer Kind, der schnellste Läufer der Welt ist eure Tochter. Einmal habe ich mir vorgestellt, anzurufen. Du, Vater, warst am Apparat, dann, als ich nichts gesagt habe, du, Mutter. Vater hat dir das Telefon weitergereicht. Vielleicht hattet ihr immer gewartet auf einen Anruf, meinen Anruf. Da war er. Aber als ich ein kleines Kind im Hintergrund gehört habe, konnte ich nichts mehr sagen. Vielleicht habe ich ein Geschwisterchen. Vielleicht war auch einfach nur ein Kind zu Besuch, welches Kind auch immer, es hat mir die Sprache verschlagen. Das hatte ich nicht erwartet. Ich wollte Hallo sagen, ich wollte, dass ihr mich hört, von mir wisst, und nicht aus dem Fernsehen, dass ich lebe, aber kein Ton ist über meine Lippen gekommen. Ungehalten warst du, Mutter, ob des lästigen Anrufs. Ich wollte nicht lästig sein, ich wollte nur „Hallo, hier ist euer verlorenes Kind" sagen und sonst noch dies und das. Du wurdest noch ungehaltener, das Kleinkind hat nach irgendetwas gerufen, und du hast aufgelegt. Dieses Telefongespräch, das keines war, fühlte sich echt an. Aber ich habe nie angefangen, euch zu suchen.

Ich wüsste nicht einmal, in welchem Land ich suchen sollte. Und auch nicht, ob ihr zwei seid, ob ihr einander den Telefonhörer weiterreicht, ich weiß nichts von euch, von dir oder dir.

Ich habe ein kleines Fell, es hat kaum noch Haare, eine Art Nuckeldecke. Seit ich denken kann, ist das Fell bei mir. Vielleicht habt ihr es mir gegeben, wahrscheinlich. Woher sonst sollte ich es haben. Zwei Papageien habe ich gehabt, einen aus Plüsch, blau, einen aus Plastik, bunt. Auch, solange ich denken kann. Vielleicht habe ich ältere Geschwister und die Papageien von ihnen übernommen. Der Plastikpapagei hat schon immer nur einen Fuß gehabt. Dann gar keinen mehr. Beide Papageien sind bei zwei Menschen geblieben, die auch meine Eltern waren. Ich habe sie nie wiedergesehen, weder die Papageien noch Ovid und Ilia. Ich habe sie verloren, wie euch. Aber anders. Wie viele Menschen kann ein Kind verlieren?

Kennt ihr „Schiffe versenken"? Jahrelang mein Lieblingsspiel. Bevor es darum gegangen ist, Schiffe zu versenken, auf Kästchenpapier oder am Bildschirm, habe ich welche gebaut. Aus Pappe und Papier. Lauter kleine Kunstwerke mit klingenden Namen. Dann habe ich auf die Schiffe auf meinem Kästchenpapier dieselben Namen geschrieben. Ist eines meiner Schiffe versenkt worden, musste auch das mühsam gebastelte Modell vernichtet werden. So war die von mir selbst aufgestellte strenge Regel. Meistens habe ich die Modelle, die als versenkt gegolten haben, unter Wasser gehalten, bis sie matschig waren und ihre Form verloren haben. Oder ich habe sie zerdrückt. Oder zerschnitten. Durch die Modelle, meine Kunstwerke, hat das Spiel erheblich an Wert gewonnen, wie ihr euch vielleicht vorstellen könnt, bei dem Einsatz, und ich habe es noch lieber gespielt. Auch wenn ich im Moment eines versenkten Schiffes todunglücklich war angesichts des quasi doppelten Verlusts, des Spiels und meines Modells. Später habe ich sogar Menschen auf die Schiffsmodelle geklebt. Auch aus Papier. Oder aus Draht. Besatzungsmitglieder, versteckte Reisende. Maritime Universen sind entstanden.

Habt ihr die MS Galaxie einmal anlegen und ablegen sehen, ein Frachtschiff, mein Leben, bis ich zehn geworden bin. Oder ungefähr zehn. Wann ist mein Geburtstag? War Ata mein Spitzname?

Habt ihr auch ständig trockene Lippen?

Ihr müsst an einem großen Hafen leben, wie sonst sollte ich auf das Frachtschiff gekommen sein. Aber wer weiß.

Ich nehme an, ich habe euch vermisst und dann vergessen.

Ich hätte nicht einmal Geld für das Porto, um euch diesen Brief zu schicken. Das könnt ihr euch nicht vorstellen, nehme ich an, dass eine Goldmedaille nicht unbedingt heißt, sich eine Briefmarke kaufen zu können.

Ata_lan

PS: Ich glaube, ich bin verliebt.
PS 2: Kann nicht und mehr selber an mich halten von all der auf Erregung.
PS 3: Ich würde eine Briefmarke organisieren, wenn ich eure Adresse wüsste.

ES war in einem Fan-Forum, in dem Ibu, Yula, Curi und Dän sich nach Lans großem Lauf getroffen hatten. Dän hatte SEHR als persönliches Profil gewählt, so waren sie aufeinander aufmerksam geworden. Alle vier um die achtzehn Jahre alt, wie der Läufer, den sie als Atalanta aus der Containerstadt wiedererkannt hatten. Die

Distanz zwischen den Ländern und Kontinenten, in denen sie seit damals lebten, überwanden die ehemaligen SEHR auf einem unkompliziert eingerichteten Blog virtuell spielend. Sie tauschten ihre Lieblingsmusik, schickten Fotos von sich herum und Links. Curi wollte eine SEHR-Internetseite einrichten, Dän eine Grußpostkarte via eiländisches Sportinternat an Lan schicken, Yula ein sentimentales Amateurvideo drehen. Über alldem konnten sie sich nicht einigen, was Lan jetzt war, eine junge Frau, ein junger Mann, transident, intersexuell oder nichts von allem. Was früher in der Containerstadt keiner Klärung bedurft hatte, förderte jetzt Differenzen zutage. Jedes kurz aufgeflammte Verbundenheitsgefühl war wie weggeblasen. Es wurde so schnell still auf dem Blog, wie er sich kurz zuvor mit Leben gefüllt hatte.

Schließlich meldete sich Ibu noch einmal und schlug vor, sich über alle Meinungsverschiedenheiten hinweg auf das zu besinnen, was SEHR und jedes einzelne der Kinder, die sie damals gewesen waren, ausgemacht hatte. Und stellte gleich die eigene Fähigkeit, hohe Spendenbeträge in knapper Zeit zu sammeln, kurz, Geld zu schnorren, zur Verfügung. Wofür auch immer. Curi deutete an, Computerprogramme schreiben, Internetcodes knacken und SEHR Zutritt in andere Rechner verschaffen zu können, falls nötig. Dän postete Kalauer am laufenden Band. Yula brauchte am längsten, um sich wieder einzuklinken, wog ab, was von den anderen kam, um schließlich über einen gänzlich neuen Plan abstimmen zu lassen. Das Ergebnis war unentschieden, 2:2. Sie ließen den fünften Teil von SEHR, Atalanta, in Abwesenheit fiktiv mitstimmen und waren sich über ihre Stimme, über seine Stimme sofort einig. Die Diskussionen gingen wieder von vorn los. Was war Lan. Was war Atalanta gewesen. Nichtsdestotrotz wurde der Plan schließlich mit drei zu zwei Stimmen angenommen.

ICH schlief fest, als Ürkis mich am späteren Morgen in der Küche auf dem Tisch schlafend vorfand. Sie wunderte sich nicht, wieso ich in der Küche war und nicht mehr auf dem Bett aus Kissen in ihrem Zimmer. Sie trug schon ihre Kappe. „Gehen wir schwimmen, hast du Lust? Du kannst das Rad meines Mitbewohners nehmen", sagte sie, während sie Wasser aufsetzte. Offenbar hatte ich doch nicht die Leitung leergetrunken. Meine Arme fühlten sich taub an, mein Hals verdreht.

„Ich kann nicht Fahrrad fahren", wandte ich ein.

„Egal", sagte sie.

Zwei Räder, 28 Zoll, eine Kette, zwei Pedale, Lenker, Sattel, Stangen. Vorwärtskommen durch Betätigung der Füße, ohne dass sie den Boden berührten. Wie sollte das gehen. Es ging. Treten. Ohne Ferse, kein Abrollen. Und doch ging es vorwärts. Ürkis hielt das Rad am Gepäckträger, lief hinter mir auf dem Rad her. Nie hatte ich ein Fahrrad besessen, nie hatte jemand mich Rad fahren gelehrt, nie hatte ich es ausprobiert. Irgendwann war der Zeitpunkt verstrichen gewesen, an dem ich als Teenager den anderen im Internat hätte gestehen können, dass ich gar nicht Rad fahren konnte. Lan läuft. Hieß es jedes Mal. Lan läuft. Lieber. Da ich laufend mitunter schneller war als die anderen auf ihren Rädern, musste niemand auf mich warten. Es fiel nicht auf, dass ich nicht gewusst hätte, wie die Balance halten auf einem Rad. Lan rennt. Selber schuld. Streber. War die äußerste Abwertung. Immer noch besser als Stützräder oder Lachen. Über mich.

Ürkis lachte nicht über mich, darüber, den Läufer von den Füßen zu holen und auf ein Rad zu setzen. Mich anders fliegen zu machen. Mich schwanken zu sehen und mich zu halten, am Gepäckträger, ein paar Meter, ein paar Meter mehr, ein paar Hundert Meter, und dann radelte ich. Allein. Hatte Angst, anzuhalten und zur Seite zu kippen. Also weiterfahren. Immer weiter. Schwitzende Hände, noch zu fest um den Lenker geklammert, treten, die Knie fast durchstrecken, das Rad allein laufen lassen, die Füße wieder auf die Pedale setzen, fuhr fast gegen eine Straßenlampenstange dabei, gerade noch mich halten können, dann wieder treten, wieso war ich so viele Jahre jeden Meter selbst gerannt, anstatt ein Hilfsmittel zu benutzen, ein Rad, eine Übersetzung, in internationale Meter, ich liebte es auf Anhieb, das Radfahren, irgendwann fuhr ich einen großen Bogen, fast legte ich mich in die Kurve, fast, und wieder zurück, die Beinmuskeln spüren, die Knie grüßen das Kinn, denselben Weg zurück, rechts saß Ürkis am Straßenrand auf der Gehsteigkante, um ein Haar fuhr ich an ihr vorbei, bremsen musste ich noch üben.

Sie auf ihrem, ich auf dem geborgten Rad, fuhren wir einige Zeit später gemeinsam los. Es war sehr warm. Ich musste mich konzentrieren, um Ürkis zu folgen und mein Fahrrad unter Kontrolle zu behalten. Wir fuhren durch die Stadt, durch Vororte, Wiesen- und Feldwege entlang. Mir taten schon die Sitzmuskeln weh, aber ich wollte die Fahrt nicht unterbrechen. Erst kurz bevor wir den Bach erreichten, erkannte ich, wo die Fahrt hinführte. Wir stellten die Räder ab, ich zog die Schuhe aus und lief angezogen ins Wasser. Sie kam nach. Wir schwammen gegen die leichte Strömung, wir zogen uns an Ästen, die über den Bach hingen, hoch und ließen uns wieder ins Wasser fallen, wir staksten vorwärts, wo es seicht war. Irgendwo stiegen wir die schmale Böschung hinauf, schüttelten uns wie Hunde und rannten los, barfuß durch den Wald, sie ließ mehr Schneckenhäuser und kleine Äste krachen als ich. Wir rannten durch den Wald und niemand kreuzte unseren Weg. Es musste ein Traum sein, es war nicht denkbar, so leicht zu sein. Biene Maja, gelb-schwarz, war ein Schwergewicht gegen mich. Nur ganz kurz, einen Augenblick lang, ereilte mich die Panik, dass die Fahrräder und unsere Schuhe fort sein würden. Dass stattdessen Ürkis' Leute auf uns warteten, um mir mein Muster herunterzureißen.

„Wo ist das T?", fragte ich. „Weiß nicht", antwortete sie und fuhr mit den Fingern der linken Hand die übrigen Buchstaben auf der Vorderseite ihrer Kappe nach, „egal." Wir saßen, Stunden später, längst getrocknet im heißen Wind, auf den Stufen vor dem aufgelassenen Ladenlokal. Das alte Schild einer Bäckerei war noch über der Tür zu sehen. Ich war frisch geschminkt, mit von Ürkis ausgeborgtem Make-up, und trug ein Tuch, das ich mir anstelle des T-Shirts um den Kopf gewickelt hatte. Anhaltend sozusagen femininer Auftritt. Es dämmerte. Ohne erkennbaren Grund sprudelte es auf einmal aus mir heraus. Ich erzählte so viel so schnell, dass mir keine Zeit blieb, mich zu wundern darüber, was ich erzählte. Von meiner Mutter hörte ich mich reden, erzählte von Ausflügen mit ihr, die es vermutlich nie gegeben hatte. Diese Mutter erfand ich aus dem Stand. Sie war eine glückliche Mutter auf ihrem Segelboot, das nur ihr gehörte und das hellgrün gestrichen war. Ich erzählte, wie sie das Boot mithilfe meines Vaters Kiel nach oben legte und dann tagelang verspachtelte, schmirgelte, neu strich, nachher polierte. Ich half ihr, hielt die Farbdose, durfte auch streichen, den grünen Lack auftragen. Es war ein Kindertraum, ein Boot, in dem ich mitfahren und die Füße ins Wasser halten konnte. Ich erzählte von meinem Vater, der am liebsten hinter dem Haus Kleidung färbte. Zig Eimer mit verschiedenen Farben standen bereit, wenn es wieder einmal so weit war. Mit verfärbten hölzernen Kochlöffeln rührte er die eingeweichten Wäschestücke in den Kübeln um, wieder und wieder. Er färbte neu, er färbte um, er färbte nach, er entfärbte und begann wieder von vorn. Er färbte auch Stoffe, die er nie verwendete oder aus denen er nie etwas schneiderte oder schneidern ließ. Sie hingen in den schönsten Farben und mit den ausgefallensten Mustern hinter dem Haus auf Wäscheleinen. Eines Tages war bei den Stoffen ein kleines Stück Fell dabei. Das färbte er nicht, sondern schenkte es mir. Er hatte es sorgfältig gebürstet, gewaschen, noch einmal gebürstet und zum Trocknen aufgehängt. Ich durfte es haben, als es endlich trocken war. Und ich hatte es noch.

Es war alles frei erfunden. Es gefiel mir. Ich erzählte nichts von später, davon, dass ich Festland schon einmal kennengelernt hatte, nichts von Eiland nach meiner Abschiebung. Kein Wort. Abrupt hörte ich auf, zu erzählen. Wollte nicht mehr. Es kam nichts mehr. Aus. Nach einer Weile bat ich Ürkis, auch etwas zu erzählen. Sie zuckte mit den Schultern. „Also, hier ist Festland und trotzdem ein heißer Sommer."

„Und?", fragte ich.

„Nichts und. Ich weiß nicht, ob ich den anderen sagen soll, wer du bist, wessen Sachen du trägst, aber das ist ja egal, wer bist du eigentlich, wenn ich schon überlege, zu sagen, wer du bist, ich bin so durcheinander wie Wattestäbchen, die alle aus der Packung herausgefallen sind und die hastig wieder eingeschlichtet wurden, und wenn du wegrennst, kann niemand dich einholen, dann bist du also weg."

Ich schaute sie an, ich schaute an mir hinunter. Nie mehr würde ich wegrennen, dachte ich und wusste, dass das nicht stimmte. „Du hängst mir Komplimente um", sagte ich, mir und meines Festländischen plötzlich nicht mehr sicher, „das macht mich glanz und begehrlich verlegen." Ich musste nicht aufspringen und loslaufen, musste nicht trainieren, mich nicht fit halten und auf dem Sprung sein. Ich konnte einfach sein, stundenlang. Ein sensationell neues Gefühl.

Ich wollte Ürkis fragen, ob ich meine Sachen bei ihr waschen konnte, tat es aber doch nicht. Es war zu intim. Ich kannte sie noch nicht einmal drei Tage. Trotzdem stellte ich mir vor, die Wäscheklammern im WG-Bad zu suchen. Wäsche, schon trocken, von ihrer Schwester oder deren Freund vom Wäscheständer zu nehmen. Unsicher, ob ich die Wäsche einfach auf einen Haufen stapeln sollte oder sie zusammenlegen. Beschloss im selben Moment, wenn, dann nur zu waschen, wenn der Wäscheständer im Bad frei wäre. Zu komplex die Fragen nach dem richtigen, WG-gemäßen Umgang mit anderer Leute Wäsche. Ich war erleichtert, nicht gefragt zu haben.

„Du kannst dir von mir etwas zum Anziehen ausborgen", sagte Ürkis, „ich nehme an, du hast nur, was du gerade trägst. Und das ist, wenn ich mich richtig erinnere, ebenfalls geborgt." Sie sagte das ohne jeden Unterton, einfach nur als Feststellung, als sie am Abend die Haustür aufschloss und unausgesprochen klar war, dass ich eine weitere Nacht bleiben würde. Der Aufzug kam nicht. Sie drückte wieder und wieder auf den Kopf, winkte ab, nahm schließlich die Treppe. Sie fragte nicht nach, woher ich Festländisch konnte. Vielleicht gingen Menschen, die in Festland lebten, automatisch davon aus, dass alle Festländisch sprachen. Vielleicht wollte sie aber auch solche stereotypen Einstiegsfragen überspringen. Sie kannte sie vermutlich selbst zur Genüge. Vielleicht war es ihr auch einfach egal. Wie egal konnte es werden, wenn eine hier aufgewachsen war. Und als was sah sie mich.

Sobald klar gewesen war, dass ich in diesem Land laufen würde, offiziell, mit Visum als Teilnehmer der Spiele und allem Drum und Dran, hatte ich begonnen, richtig Festländisch zu lernen. Niemand sollte hören, dass ich nicht von hier war. Aber das erzählte ich ihr nicht. Nur, dass ich gar nicht von Eiland sei. Obwohl sie nicht fragte, sagte ich, dass ich aus Arkadien sei. Sie schaute mich ungläubig an. Ich hatte Ovid nie gefragt, wo Arkadien war. Nur den Namen hatte ich mir gemerkt, den Namen des Landstrichs, aus dem Atalanta kam. Die Läuferin. In Ovids Erzählung. „Nicht wichtig", murmelte ich, „egal." Sie nickte zu meiner Erleichterung.

Eine Stunde später suchte ich in einem 24-Stunden-Waschsalon die kleinste Waschmaschine. Ürkis hatte mir ein paar Münzen geliehen. Ich gab meine zweite Haut der letzten Tage in die Trommel, füllte Waschpulver in das Fach und schaltete die Maschine ein. Saß auf einem der gelben Plastikhocker und schaute meiner Wäsche zu. Die Brustbandage drehte sich mit. Ein seltsames Körpergefühl in der Öffentlichkeit ohne sie. Haltlos. Ich war froh, auf dem Hocker zu sitzen, ohne mich rühren zu müssen, überließ jede Bewegung den Wäschestücken hinter Glas. Außer mir war noch einer da, der telefonierte, offenbar mit seiner Mutter. Die Zeit verstrich langsam. Rottöne verschwammen mit weißen Linien, Blau mit Lila, Rauten mit Punkten und Kästchen mit weißem Schaum. Alles wurde durcheinandergeschleudert. Als die Maschine sich beruhigt hatte, nahm ich die Wäsche heraus, sie roch gut, und warf sie in einen Trockner. Wieder warten.

Mir war entgangen, dass der Telefonierer sein Telefongespräch beendet hatte. Er starrte mich an. Ich starrte zurück. Selbst an der Hotelrezeption hatte mich niemand erkannt. Also. Irritiert wandte er den Blick ab, packte seine Wäsche in zwei große Trolleys und ging grußlos hinaus. Ich war allein inmitten der Maschinen. Aber wer wusste, wen er angerufen hatte. Ich sprang auf, stoppte den

Trockner, nahm die heiße, noch klamme Wäsche heraus, drückte sie an meinen Oberkörper, wo der Stützverband fehlte, und verließ unverzüglich den Waschsalon. Wer war ich, wenn ich nicht lief. Wer war ich auf einem Fahrrad. Wo gehörte ich hin. Wo wollte ich leben. Falls ich es mir aussuchen konnte. Rennen wollte ich. Mit Miles. Gegen Miles. Ohne Stadion, ohne Tampon, dem nächsten Morgen entgegen. Nicht mehr nur 100 Meter. Sondern 200, 400, 800, Marathon. Mit Miles. Was für ein Name für einen Läufer. T. G. gestrichen, im Auftrag von Meils. Und ich. Lan. Der Rest von Atalanta. Ich war ein Verräter. Ich hatte Ata aus meinem Namen gestrichen, einfach weg, vergessen. Ata Ata. Zweimal vergessen.

Als ich bei Ürkis anläutete, dauerte es eine Weile, bis der Türsummer surrte. Auf der Lifttür hing ein Schild, „Außer Betrieb". Ich lief die Treppen hinauf. Die Wohnungstür war angelehnt. Ich klopfte, keine Reaktion. Vorsichtig ging ich in den Vorraum und schloss leise die Tür. Ürkis' Zimmertür stand offen, ich schaute hinein, leer. Dann hörte ich ihre Stimme aus der Küche, aufgebracht: „Sie ist meine Freundin, eine Bekannte, ja, na und, du benutzt auch immer mein Fahrrad, das ist doch egal."

„Dir vielleicht, aber mir ist das nicht egal."

„Außerdem hast du es nicht gebraucht, du warst sowieso weg. Dein Rad steht wieder, wo es war, wir hatten eine gute Zeit. Was ist los mit dir?"

„Nichts ist los mit mir! Wie heißt sie überhaupt?"

„Das kann dir doch egal sein."

„Das ist mir nicht egal."

„Du klingst wie ein Vater."

„Wer ist mit meinem Rad gefahren?"

„Sie hat auch von deinem Tellerchen gegessen, du Spießer!"

Ich fühlte sie förmlich in mir aufsteigen, Zahlen. Ich lehnte mich an die Wand im Vorraum, schloss die Augen, zählte. Zahlen. Immer mehr Zahlen. Je länger ich zählte, desto mehr klang es aus der Küche nach einem interessanten Gespräch, ... 22 ... 5 ... 12 ... 36 ... 37 ...

Dann bemerkte Ürkis mich: „Komm rein, wir streiten, mein Mitbewohner und ich, über das Rad, dein Rad, also sein Rad, egal. Komm, wir trinken einen Kaffee mit ihm."

Ürkis hatte die Zahlen gestoppt, Ürkis hatte gesagt „wir streiten", ganz unspektakulär. Wir tranken Kaffee. Ihr Mitbewohner drückte mir seinen Fahrradschlüssel in die Hand, natürlich könne ich mir sein Rad leihen, er sei schlecht gelaunt gewesen, wegen des kaputten Lifts, von wegen barrierefrei, er und seine Freundin hätten sich gezankt deswegen und sie könne wegen des kaputten Lifts nicht nach Hause kommen, absurd, ein Wahnsinn, diese Hausverwaltung, über all dies seien sie jetzt hier wie ein altes Ehepaar aneinandergeraten, dabei seien sie eigentlich Schwager und Schwägerin. Schwamm drüber. Dann stellte er sich vor und ich mich nicht. Wie auch.

„Wie war dein Name?", fragte er nach.

„Ovid."

Ürkis lachte nicht. Ich durfte auf keinen Fall ihrem Blick begegnen.

„Ovid?", wiederholte er fragend. „Ist doch ein Männername."

Ich zog die Schultern hoch.

„Der hat doch diese ganzen alten Geschichten und Mythen aufgeschrieben. Mussten wir in der Schule lesen. Lustig jedenfalls, klingt weise."

Ürkis schüttete Zucker in ihre Tasse.

„Und was machst du so?", fragte der Mitbewohner.

Ich beschloss in diesem Moment, nie in eine Wohngemeinschaft zu ziehen. „Ich laufe ... weg ... normalerweise ... wenn zwei streiten ... aber heute nicht ...", stammelte ich.

„Na denn, schönen Tag noch."

Der Mitbewohner sei eigentlich einer ihrer besten Freunde, abgesehen davon, dass er der Freund ihrer Schwester sei, erläuterte Ürkis mit Blick Richtung Küchentür, durch die er gerade gegangen war. Ihre Schwester habe sich von ihren Eltern nicht weiter bevormunden lassen wollen und sei kurzerhand aus- und mit ihrem Freund zusammengezogen. Und die beiden hätten sie eingeladen, zu ihnen zu ziehen. Er könne aber nicht ertragen, wenn sie selbstverständlich davon ausgehe, die Welt und alles darin gehöre ihr oder stünde ihr zur Verfügung, schon gar nicht seine Sachen. Ich war noch mit meinen Zahlen beschäftigt, die so unverhofft aufgetaucht waren. Das sei kleinkariert von ihm, fuhr Ürkis fort, aber er sei einer, dem nie etwas egal sei. Um weitere Zahlenreihen abzustellen, fragte ich nach, was ihm denn zum Beispiel egal sein solle. Sie antwortete nicht darauf. Wir tranken die restliche Milch leer und ich trat, da mir nichts zu reden einfiel und mir noch immer die Zahlen auf der Zunge lagen, die Flucht nach vorn an und gab ein paar Kostproben des großen Einmaleins zum Besten.

ES waren Papageien, die leise plapperten. Sie hockten auf den ausgeklappten Tischen der Fluggäste mit den Sitznummern 32 A und 32 B. Der fußlose Plastikpapagei war schon ziemlich ausgebleicht, der Stoffpapagei roch frisch gewaschen und sah fast aus wie neu.

Sie waren auf dem Weg nach Festland. Seit Ovid und Ilia den Läufer erkannt hatten, hatten sie alle Hebel in Bewegung gesetzt, um Touristenvisa für die Reise nach Festland zu bekommen. Auch sie wussten nicht, wo Lan sich aktuell aufhielt, aber sie gingen davon aus, *Stern zu finden. Ohne dass sie das voreinander zugegeben hätten, hofften sie, dass Lan bei der Abschlusszeremonie der Spiele im Stadion auftauchen und alles erklären und endlich gefeiert würde. Hochoffiziell. Das Original. Sie würden dabei sein.

Schon im Wartebereich der Abflughalle hatte Ilia seinen Ex-Freund mit den Papageien, die seit damals in einer Schachtel unter Atas ehemaligem Bett im Zimmer über dem Bootshaus gewohnt hatten, überrascht: Ovid! Ovid! Ovid! Ovid! Ovid! Ovid!

Nach dem Verlust von Ata an Festland hatte die Beziehung der beiden der Wut und Ohnmacht nicht standgehalten. Als sie auch noch anfingen, sich gegenseitig dafür verantwortlich zu machen, ging es immer weiter bergab. Ovid zog aus, sie sahen einander nicht mehr. Einige Tage, einige Wochen, ein halbes Jahr lang. Vermissten einander und wussten nicht, was tun. Von ungehaltenen Freund_innen wurden sie daran erinnert, dass es ein Leben vor der Zeit mit Ata gegeben hatte. Aber sie hörten nicht zu. Schickten sich böse Nachrichten, redeten schlecht übereinander. Den anderen wurde es zu bunt. Sie wandten sich ab. Ovid heuerte auf einem neuen Frachtschiff an, Ilia kochte wieder in dem Restaurant am Hafen. Er begann, sich aktiver einzumischen in Dinge, die er ungerecht fand. Das Wohnzimmer des kleinen Hauses, in dem er nach wie vor lebte, füllte sich mehrmals im Monat mit Leuten, die diskutierten und Texte verfassten, Aktionen planten und Petitionen schrieben, beispielsweise mit der Forderung nach besseren Bedingungen für Küchenpersonal und Beschäftigte ohne

Arbeitserlaubnis an Land und auf See. Irgendwann begann er, Ovid Links zu den Inhalten dieser und weiterer Treffen und Bewegungen zu senden. Lange Zeit erhielt er keine Antwort. Bis er noch einen anderen Link schickte, zu einer neu erschienenen Übersetzung und Edition der Metamorphosen des Ovid. Die Antwort kam postwendend, ein Link zum Internetauftritt von Ilias bevorzugter Kosmetikfirma mit ihrem neuesten Produkt, einem silbernen Lippenfettstift.

Jetzt saßen sie auf den Sitzen 32 A und 32 B, auf dem Flug nach Festland. Kurz nach dem Start hatten sie von einem auf den anderen Moment, dank zweier alter Papageien, zig Kinder am Bein gehabt. Auch gut. Für eine kleine Weile. Aber die Flugbegleitung hatte alsbald darum gebeten, die Papageien im Gepäckfach zu verstauen, weil andere Reisende sich gestört fühlten.

~ Ata erkennt dich sicher nicht wieder, grau meliert ~, sagte Ovid im Singsang der Sprache, die sie auf See gesprochen und die sie mit Ata geteilt hatten.

~ Ich werde die Papageien vorschicken ~, antwortete Ilia.

~ Alles hätte ich mir vorstellen können, aber dass Ata wirklich selber laufen, schnell laufen, am schnellsten laufen würde, hätte ich mir nie träumen lassen ~ Atalanta Läuferin, von wegen Heirat und goldene Äpfel, sondern hip, mutig, schnell, Grüße an Ovid den Ersten ~, sagte Ovid feierlich, während er die Snack- und Speisekarte studierte.

~ Es liegt an ihr, nicht an dem alten Meister ~, wandte Ilia ein, aber Ovid blieb unbeeindruckt: ~ Sie sind einfach gut, diese Mythen, zeitlos ~

~ Schwulenfeindlich, wie Leistungssport ~, ätzte Ilia.

~ ‚Wie Meilanion Atalantas Antlitz sah und befreit von der Hülle den Körper, der wie der meinige war, wie der deinige, wärst du ein Mädchen, stand er verwundert und lobpreisend erglühte er selber' ~ Oder so ähnlich ~ Wenn das nicht queer ist und seiner Zeit weit voraus ~, schwärmte Ovid und versuchte, sich an weitere Originalverse zu erinnern. Ilia zog es vor, zu schweigen.

~ Ich bin übrigens sehr nervös ~, wechselte Ovid das Thema, ~ was, wenn Lan uns nicht sehen will? ~

Ilia nickte nachdenklich und schmierte sich die Lippen mit seinem Fettstift ein.

~ Versuch bloß nicht, ihm den Sport schlechtzumachen ~, sagte Ovid.

Das ließ Ilia sich nicht zweimal sagen: ~ Oh doch, alles werde ich geben, um Lan dieses Männer machende, Wer-ist-der-Schnellste-System auszureden ~

~ Dann können wir gleich den nächsten Flug zurücknehmen ~, winkte Ovid ab.

Seit sie im erst gemeinsamen, dann je einzelnen jahrelangen Bemühen darum, Ata zu finden, an die Grenzen ihrer Möglichkeiten als gleichgeschlechtlich Liebende und Lebende, zudem nicht mit Ata verwandt, gestoßen waren, hatten sie, unabhängig voneinander, begonnen, auf sprachliche Feinheiten, die Ausschlüssen und Kategorisierungen symbolisch etwas entgegensetzten, zu achten. Sie konnten nicht wissen, dass viele Jahre zuvor, in der Geburtstagsnacht an Bord der MS Galaxie, auch Ata **Sterne in das Streitgespräch eingebaut hatte, wenn auch aus einem völlig anderen Grund.

~ Ich hoffe, Lan steht nicht auf diesen Miles ~, Ilia zog noch einmal seine rauen Lippen nach.

Ovid schmunzelte. ~ Ohne Sport hätten wir, du und ich, uns nie kennengelernt ~

~ Moment ~, wandte Ilia ein, ~ wir haben uns kennengelernt, weil wir beide Angst hatten, du im Tor vor zu fest geworfenen Bällen und ich davor, mir beim Verteidigen den Arm zu brechen ~

Er hielt Ovid den Lippenbalsamstift hin, der schmierte sich auch die Lippen ein und beharrte darauf, dass, Ängste hin oder her, dennoch der Sport sie beide zusammengebracht habe.

~ Ich hasse Handball immer noch aus tiefstem Herzen ~, seufzte Ilia.

Ovid setzte nach: ~ Ich habe mich in den Ausdruck von Panik in deinem Torhütergesicht verknallt ~ Also gib unserem Wunderkind eine Chance ~

~ Ovid-Papa, du bist ein unverbesserlicher Optimist ~ Aber ich bestehe darauf, dass jeder Mensch das Recht hat, nicht am besten oder schnellsten sein zu müssen ~

Ilia packte einen zweiten Lippenbalsamstift aus, ein Geschenk für Lan, in einem Kästchen, das mit dunkelblauem Samt ausgelegt war. Lippenbalsam in Knatschgrün. Ovid war angetan. Grün kannte er noch nicht aus Ilias Sammlung. Und schon gar nicht in einem Schmuckkästchen, Grün auf Blau.

~ Aber was, wenn *Stern wirklich nichts mehr mit uns zu tun haben will? ~, knüpfte Ilia an die Sorgen von Ovid an.

~ Dann ~, antwortete dieser prompt, ~ liefern wir die Papageien ab, du behältst den Lippenstift, ich bin nicht mehr nervös und wir googeln uns fortan an die Seite unseres Wunderkindes ~

Sie fragten sich, ob Lan eine geschlechtsangleichende Operation und Hormonbehandlung anstrebte, als Trans out sei, überhaupt trans sei oder sich einfach zwischen den Geschlechtern bewege, oder gegen die Geschlechter oder über sie hinaus, und wie es ihrem Kind im eiländischen Sportinternat, von dem sie aus den Medien wussten, damit gegangen sein musste. Sie stellten sich das Kind, das sie sieben Jahre lang begleitet und gekannt hatten, unter anderen Kindern vor, die von ehrgeizigen Eltern in ein ehrgeiziges Internat geschickt worden waren. Mit wem mochte *Stern sich ausgetauscht, wie heikle Situationen wie gemeinsames Duschen und allgegenwärtige Schilderungen heterosexueller Pubertätsgeschichten überstanden haben. Ilia erzählte, und das zum ersten Mal in dieser Ausführlichkeit, von seinem Gefühl als schwuler Teenager, eine gänzlich andere Sprache als die Mitschüler_innen zu sprechen, in der nach Geschlechtern sortierten Schuluniform gelitten, sexistische Bemerkungen über Lehrer_innen gehasst zu haben. Ihm hatte der Mut gefehlt, die Uniformhose zu verweigern, sie einzutauschen gegen den Uniformrock einer Mitschülerin, den er lieber getragen hätte. Ihm hatte der Mut gefehlt, den anderen in der Klasse zu sagen, was er von den Kommentaren hielt, die sich ausgezeichnet mit homophoben Witzen ergänzen ließen und umgekehrt. Um nicht dabei sein zu müssen, wenn es um die Lehrerin, Geografie und Geschichte, ging, die am meisten kommentiert wurde, fehlte er in diesen Stunden so oft wie möglich. Die Lehrerin verwarnte ihn, was einige aus der Klasse zu weiteren Anzüglichkeiten anspornte. Er wollte und konnte der Lehrerin den Grund seiner Fehlstunden nicht sagen. Er stand allein gegen den Klassenkonsens, jedenfalls den Konsens derer, die bestimmten, was der Konsens zu sein hatte. Sein Ausmaß an Fehlstunden und seine Konsequenz, dafür sogar die Versetzung in die nächste Klasse zu riskieren, brachten ihm den nötigen Respekt ein, um nicht auf der Liste derer zu landen, die in der Klassenhierarchie institutionalisiert leiden mussten. Es kostete ihn schließlich ein Schuljahr und das Vertrauen der Lehrerin, die er für eine gute Pädagogin hielt und persönlich schätzte. In der nächsten Klasse ging es ihm besser, er hatte sogar eine flüchtige Liebe mit einem Mitschüler. Aber er nahm es sich selbst übel, noch als Erwachsener, den hohen Preis eines ganzen Schuljahres gezahlt zu haben. Unter anderem wegen dieser Erfahrung habe er damals auf dem Frachtschiff von vornherein darauf bestanden, out zu sein.

~ Wir haben es überlebt ~, sagte Ovid.

Gut möglich, dass die beiden Papageien einander gern geküsst hätten, aber da sie im Gepäckfach lagen und niemand sie herausholte, kam es nicht dazu.

Nicht wissend, wie es aktuell in Schulen zuging, und schon gar nicht, wie in einem Sportinternat auf Eiland, malten Ilia und Ovid sich aus, wie ihr Kind die Schulzeit überstanden hatte, ohne von einer als selbstverständlich angenommenen Zweigeschlechterordnung und deren Körpernormen plattgemacht worden zu sein. Sie würden Erfahrungen teilen mit Lan, und nicht besser wissen, was gut und richtig war, sie würden von sich sprechen, sie würden erwähnen, dass sie kein Paar mehr waren, sie würden sich höchstens mit, aber nicht, wie in jener Geburtstagsnacht, wegen *Stern streiten, Ovid würde notfalls die Papageien vorschicken, sollte es ihm vor Nervosität oder Bewegtheit die Stimme verschlagen, Ilia würde Leistungssport Leistungssport sein lassen und die Medaille feiern, sie würden, verdammt noch mal, aus diesem Flugzeug aussteigen, Lan finden, im Hotel, im Stadion, irgendwo, und in die Arme schließen. Das konnte doch nicht so schwer sein.

ICH wachte auf und wusste nicht, wo ich war. Erst allmählich begriff und erinnerte ich. ÜRKIS, schwarze Schrift auf türkisem Grund und der Umriss eines T. Ich lag auf dem Kissenberg, ein heller Tag schien durch das gekippte Fenster. Sie war nicht da, ihr Bett war leer. Ich stand auf, zog mich an, wartete ein paar Minuten, dann ging ich auf den Flur, rief ihren Namen in die stille Wohnung. Ich klopfte an den anderen Türen, die auch an dem langen Gang lagen, bekam aber keine Antwort. Ich wusch mir mit kaltem Wasser das Gesicht. Währenddessen schaute ich mich im Spiegel an. Das Ölfässchen fehlte und mein Lederband auch. Ich lief in Ürkis' Zimmer zurück, stellte es komplett auf den Kopf, aber kein gestreiftes Ölfässchen, kein Lederband. Nur die türkise Kappe.

„Räumst du das Zimmer meiner Schwester auf?"

Ich zuckte zusammen. Durch die offene Zimmertür schaute Ürkis' Schwester herein.

„Geht der Lift wieder?", fragte ich unbeholfen.

Sie ignorierte die Frage und meinte gut gelaunt, ob ich nicht auch ihr Zimmer aufräumen wolle und die Küche könne es auch vertragen. Möglichst beiläufig erkundigte ich mich, ob sie wisse, wo Ürkis hingegangen sei oder ob sie bald zurückkomme. Die Schwester zog die Schultern hoch und schüttelte den Kopf. Ich erklärte ihr, dass ich mein Lederband mit Anhänger verloren hatte und deshalb das Zimmer durchsuchte. Sie rollte herein und schaute herum. Ich bedankte mich für die Hilfe, wobei ich mir nicht erklären konnte, was Ürkis' Schwester gerade jetzt von mir wollte und warum sie mir half, meinen Anhänger zu suchen, und warum der Lift gerade jetzt wieder in Betrieb war und warum sie sich nicht wunderte, dass ich Ürkis Ürkis nannte, und warum sie mit keinem Wort erwähnte, dass ich Ürkis' Sachen trug. Ich überlegte, ob es zwischen ihrer guten Laune, der Abwesenheit von Ürkis und meiner Situation einen Zusammenhang gab. Es wurde eng, es wurde ungemütlich.

„Was ist jetzt mit deinem Anhänger?"

„Nicht so wichtig. Danke."

„Was ist es für ein Anhänger?"

„Ein gestreiftes Ölfässchen."

„Ein was?"

„Egal."

Sie stand jetzt in der Zimmertür. Ein bisschen quer. Ich würde nicht an ihr vorbeikommen, ohne dass sie den Rollstuhl ein wenig zur Seite bewegte. Als ich sagte, dass ich nicht mehr warten, sondern mich auf den Weg machen wolle, nickte sie, änderte ihre Position aber keinen Zentimeter. „Meiner Schwester ist auch alles egal", setzte sie an, „du fragst sie, was wir machen sollen, und sie sagt, egal. Du fragst sie, wie es ihr geht, und sie sagt, egal. Was sie mal machen will beruflich, ist ihr egal. Wie andere sie nennen, ist ihr egal. Ob sie Pizza oder Nudeln isst, egal. Sie hat nichts, was sie am liebsten macht. Es ist ihr egal. Ob Kleidergröße 36, 40, 44 oder 48, ist ihr egal. Wenn du sagst, dass sie dir auf die Nerven geht, ist ihr das egal. Du musst immer entscheiden. Sie entscheidet nicht. Weil ihr alles egal ist."

„Das ist mir noch nicht aufgefallen", wandte ich ein und wollte gerade darum bitten, dass sie mich durchlasse, als sie unbeirrt fortfuhr, Beispiele dafür zu bringen, wie egal ihrer kleinen Schwester alles sei, und damit endete, zu erläutern, dass sie einander nie in die Quere kämen, weil Ürkis ja alles egal sei. Mir fiel auf, wie ähnlich sie Ürkis sah. Sie war selbst auch noch keine zwanzig und sprach von ihrer kleinen Schwester.

„Hast du schon einmal jemand getroffen, dem oder der alles, aber auch wirklich alles, egal ist?", fragte sie. Ich wusste nur, dass ich hier aus diesem Zimmer rausmusste. „Ihr ist sogar egal, mit wem sie verwandt ist."

Ich sprang. Mit angezogenen Beinen, wie ein Paket, aber nicht gegen sie oder den Rollstuhl, sondern gegen den Türrahmen. Sie klatschte und drehte sich einmal um sich selbst.

„Warum ist deiner Schwester alles egal?" Meine Stimme hörte sich zittrig an, aber vielleicht lag das daran, dass ich aus der Puste war, nicht mehr im Training. Jedenfalls antwortete sie nicht auf meine Frage, sondern fuhr fort: „Als ich sie gefragt habe, ob sie zu mir und meinem Freund ziehen will, hat sie gesagt, es sei ihr egal. Wenn du ihr Geld nimmst, ist ihr das egal. Ob sie welches hat, ist ihr egal. Welche Schokoladensorte – egal, welche Serie – egal, welche Musik – egal, Apfel oder Birne – egal, Kopf oder Zahl – egal."

Läufer oder Läuferin – egal? Ich wünschte, ich hätte Ürkis' Antwort auf diese Frage gewusst. Irgendetwas in mir fand sich damit ab, aus diesem Zimmer und dieser Wohnung nicht hinauszukommen. Sollte geschehen, was geschah, sollte Ürkis' Schwester noch unendliche Beispiele in Sachen egal aufzählen, es wurde mir egal. Ich wollte nicht mehr selbst entscheiden, wie es weitergehen würde. Ich wollte einfach warten und nicht wissen, auf was. Dann wollte ich nicht einmal mehr warten. Ich wollte gar nichts, nichts mehr bedenken, vermuten. Wir redeten noch mindestens zwanzig Minuten über Gleichgültigkeit. Sie fand, dass ich einem Freund aus Ürkis' Clique zum Verwechseln ähnlich sähe. Der habe sich als Lan ausgegeben. Obwohl er keine Ahnung vom Laufen habe. Sie sei auf Rädern jedenfalls schneller als er. Hier in der Wohnung seien übrigens die Fotos entstanden, die dann so einen Wirbel ausgelöst hätten. Ich wusste nicht, von welchen Fotos sie sprach. Aber sie war schon wieder bei ihrem Lieblingsthema. Ich sprang noch zweimal gegen den Türrahmen, sie drehte sich einige Male um sich selbst, sie ließ sich im Rollstuhl nach hinten kippen und kam blitzschnell wieder auf die Räder, ich drehte mich um, lief einige Schritte auf die gegenüberliegende Zimmerwand zu, stieß mich mit dem rechten Fuß an der Wand ab und machte einen Salto rückwärts, stand wieder auf den Füßen, ging in die Grätsche. Irgendwann hörten wir auf mit den spontanen Darbietungen. Sie fuhr aufs WC und ich verließ die Wohnung. Lief kreuz und quer durch das Viertel, so wirr, wie es in meinem Kopf aussah, kein Muster, kein Plan, gelaufene Anarchie, Gefühlschaos oder einfach Angst.

MILES war nach der Demütigung des abgesagten Laufs vom Hauptbahnhof zum Theater, allererste Adresse, nach den Drohungen des Sportkonzerns an den falschen Läufer und dem darauffolgenden Shitstorm im Internet das erste Mal in seinem Läuferleben unentschuldigt nicht zu einem Pressetermin erschienen. Er konnte nicht. Lag in seinem Bett im Hotelzimmer, starrte die Decke an. Vierzehn Tage hatten sein Leben verändert. Wo war Lan. Das Telefon läutete. Er hob ab. Mit keinem Wort erwähnte der Manager Miles' unentschuldigte Abwesenheit beim Pressetermin, noch stellte er Fragen. Sondern. Er habe das Sportinternat auf Eiland, in dem Lan gelebt und trainiert hatte, kontaktiert und bereits das Angebot für eine Werbekooperation gestellt. Der eiländische Sportverband habe zunächst abgelehnt, einige hohe Tiere des Verbandes zeigten aber unter dem Siegel der Verschwiegenheit unverhohlenes Interesse. Der Pachtvertrag mit der Reederei der MS Galaxie über die Nutzung des Frachtschiffes zu Meils'schen Werbezwecken sei bereits unter Dach und Fach. Für die Freilassung des Kapitäns auf Kaution habe er, wie besprochen, die Zahlung einer hohen Summe in Aussicht gestellt. Das Gericht sei damit befasst. Lediglich Lans Trainerin habe jeden Versuch einer Kontaktaufnahme abgewehrt. Nichts, wirklich gar nichts, sei möglich, um sie ins Boot zu holen. Aber es gäbe bereits Gespräche mit einer Enkeltochter der Trainerin, mehr dazu in Kürze. Miles bedankte sich.

Miles. Er wusste nicht mehr, was das sein sollte. Außer ein alberner Name, der versuchte, sportlich zu wirken, und der ihm deswegen von Meils.com verordnet worden war. Eigentlich hieß er T. G. Milés, mit einem i gesprochen wie in Milch, und mit Betonung auf der zweiten Silbe, auf dem é. Wie auch immer, T. G. Milés oder Miles für Meils, er konnte nicht einmal auf seinem Namen bestehen. Er ging ins Bad, stellte sich in die Badewanne, drehte das Wasser auf. Schaltete die Armatur auf Dusche. Und „kalt", eiskalt. Hielt den Duschkopf so hoch über seinen Kopf wie möglich. Duschte das Bad nass. Erst als das Wasser zentimeterhoch auf den Fliesen stand, drehte er ab.

ES war ungewöhnlich hell, die Sonne blendete zu sehr, um ohne Kappe unterwegs zu sein, aber sie hatte sie in der Eile zu Hause vergessen. Sie wechselte die Straßenseite und schob ihr Fahrrad auf dem schattigen Gehsteig. Sie wusste nur, dass sie aus einem Traum aufgeschreckt und sofort aufgestanden war. Sie hatte sich die Zähne geputzt, sich angezogen, Lans Ölfässchen, das neben den Kissen auf dem Boden lag, genommen, hatte noch einen Moment gewartet, ob Lan aufwachte, sich den Glücksbringer umgehängt und war dann hinausgegangen. Seither lief sie durch die Straßen, stellte ihr Rad nicht ab, aber fuhr auch nicht, sie schob es

neben sich her, quetschte sich mitsamt dem Rad durch Einkaufsstraßen, ging planlos weiter. Irgendwann stand sie vor dem Haus,
in dem ihre Eltern im dritten Stock wohnten. Es war immer noch
Vormittag. Sie wusste nicht, warum sie hierhergegangen war. Sie
wusste weder, wieso sie ihr Rad an die Stange eines Verkehrs-
schildes schloss, noch, warum sie bei ihren Eltern läutete. Es hatte
wenig Kontakt zwischen ihnen gegeben, seit sie zu ihrer Schwester gezogen war. Sie läutete noch einmal. Natürlich waren die Eltern nicht da, natürlich waren sie, wo sie an jedem Wochentag um
diese Uhrzeit waren. Sie hätte die beiden gebraucht, obwohl sie
nicht hätte sagen können, wofür genau. Es fühlte sich an, als öffnete sie gleichzeitig ein neues Dokument, während sie die Lösch-
taste drückte. Oder als klickte sie gleichzeitig auf „Speichern" und
„Nicht speichern". Als suchte sie nach einer Taste, um gesendete
Nachrichten zurückzurufen.

Sie fischte ihr Telefon aus der Tasche und rief F. L. an. Er hob
nicht ab. Sie legte auf, rief noch einmal an. Nur die Mailbox. Sie
hinterließ eine Nachricht, die sie, kaum dass sie aufgelegt hatte,
am liebsten wieder zurückgenommen hätte. Sie wusste nicht,
was F. L. mit den Informationen tun würde. Sie rief noch einmal
an, um die Nachricht als Witz zu deklarieren. F. L. hob ab.

Weder sie noch er sagte etwas, weder sie noch er fing an.
„Sag etwas", sagte er schließlich. „Sag du etwas", sagte sie. Dann
schwiegen sie wieder. „Wo bist du?", fragte sie. „Egal", antwortete
er. „Es war ein Witz", sagte sie. Er legte auf.

Sie schloss das Fahrradschloss auf und fuhr los. Fuhr schnell,
ohne darauf zu achten, wohin. Es fühlte sich an, als surfte sie,
dabei konnte sie nicht wissen, wie sich Surfen anfühlte, weil sie
noch nie gesurft war. Das Telefon läutete. Sie bremste scharf. Ihre
Schwester.

ES fiel erst gar nicht auf. Die Störung auf Meils.com, Viren im internen Kommunikationssystem, schließlich der Kollaps der gesamten virtuellen Infrastruktur. Niemand wusste, wer das Unternehmen gehackt hatte. Die Rechtsabteilung, die Geschäftsführung, der Vorstand, alle maßgeblichen Köpfe des Unternehmens richteten sich ein in den Grenzen ihrer Macht. Um den Erhalt des noch spärlich vorhandenen Image als Global Player. Sympathisierten doch Kund_innen weltweit mit dem falschen Läufer, bejubelten den virtuellen Blackout und riefen zu einem Boykott der Firma auf. Meils.com war mächtig. Aber nicht allmächtig. Die gigantischen Schadensersatzforderungen an den untergetauchten falschen Läufer wurden zurückgenommen. Die Anzeige gegen den echten Läufer wurde zurückgezogen. Kein Mensch wusste, wer und was hinter denen stand, die sich zu dem virtuellen Angriff bekannten: „niemand hat ein recht auf (m)eine sprache nicht zu verstehen / wir planen, niemals einzuholen sein von eurem erwachsenen werden / unsere ungelöschten finger lassen abdrücke auf euren brettern im kopf / SEHR reloaded".

ICH wollte ins Stadion, zur Abschlusszeremonie der Spiele. Zurück auf Start. Das war das Einzige, das ich mir nach dem wortlosen Verschwinden von Ürkis mit meinem Anhänger und nach der Begegnung mit ihrer Schwester vorstellen konnte. In meinem neuen Outfit, das ich mir aus Ürkis' Kleiderschrank ausgeliehen hatte, und das mir um einige Nummern zu groß war, fühlte ich mich verkleidet genug, um mich ins Stadion zu wagen. Eine halblange Hose mit einem breiten, auffallenden Gürtel. Darüber eine Wickelbluse. Große leuchtend türkise Ohrringe, Turnschuhe mit

Schnürsenkeln, Sonnenbrille, die türkise Kappe. Ein Kribbeln ging durch meinen ganzen Körper, als ich über die weiträumigen Parkplatzanlagen auf das Stadion zuspurtete. Ich war fast wieder zu Hause. Zwar nicht auf der Laufbahn, aber im Stadion. Ganz bald. Ich hörte die Musik wummern, der Beginn der Lichtshow reichte bis hinauf in den abendlichen Himmel.

Hätte der Mann am Stadiontor, Block A–C, nicht das Eingangstor im letzten Moment vor mir zugeschlagen, wäre ich gerade noch rechtzeitig ins Stadion eingelaufen. „Ihr Ticket bitte."

„Pardon", japste ich mit einem Rest Luft, der nicht zum Sprechen vorgesehen war. „Ihr Ticket bitte." Ich lachte den Mann ungläubig an, das konnte nicht sein Ernst sein. Ich hatte kein Ticket und auch kein Geld, ich musste in dieses Stadion hinein, und zwar sofort. Ich versuchte, das Tor aufzudrücken, aber das Schloss war eingeschnappt. Ich ließ ihn stehen und rannte am Zaun entlang zum Tor von Block D–F. Doch die drahtlose Verbindung unter den Ticket-Abreißern war mir zuvorgekommen. Auch dieses Tor war geschlossen, zu dritt standen sie davor. Ich hörte Johlen und Pfeifen, Sirenen, die Kulisse von zigtausend Menschen aus dem Stadion. Und ich war hier. Draußen. Ich lasse mich von euch Ordnern nicht aufhalten, dachte ich. Ich habe nicht jahrelang umsonst trainiert, um mich jetzt und hier auf dem Weg in mein Stadion stoppen zu lassen. Es sprudelte völlig unkontrolliert aus mir heraus: „kopf in die nase ... luft wegziehen ... in die kurve und füße unter den achseln ... ich will lieber wandern oder windeln austragen ... rangehen und runterfallen vom takt ... ~ stop ~ sagen alle ... weil ****Sterne nicht zählen können ... wer nicht vorzählen kann ... ist geschlechtlich ausgewechselt ~ ~ ~ ~ ~ ~ woher weiß und soll ich wissen ... was ata ata her sein soll ..." Die Ordner sahen mich ungerührt an.

Auf einem Monitor über dem Treppenaufgang zu Block D sah ich Gruppen bunt gekleideter Menschen sich auf dem Rasen in dünnen Reifen drehen, die weite Arena, Trampolin-Formationen, Feuerwerk, die Welle auf den Rängen, siebzigtausend Leute feierten live das Spektakel. Scheinwerfer fuhren auf das Podest in der Mitte der Bilder aus Menschen. Grußworte waberten durch die Luft. Ich wusste nicht, was ich erwartet hatte. Dass ich, wäre ich in das Innere des Stadions gelangt, von der Tribüne über die Zäune hinunter auf die Laufbahn gelangt wäre, um eine umjubelte Ehrenrunde zu laufen. Dass das Komitee der Spiele Seite an Seite mit Miles meine Disqualifikation aufgehoben und mich willkommen geheißen hätte. Dass ich alles vergessen und einfach nur Stadionluft geatmet hätte. Ich wusste es nicht. Ich stand inmitten von Ordnern vor dem Tor zu Block D–F, gemeinsam verfolgten wir die Abschlusszeremonie von Weitem auf einem Monitor. Bombastisch, fantasielos, teuer, auf eine Art steril und langweilig, hohl. Was hatte ich erwartet. Meine Lippen brannten. Ich lief nicht los. Ich ging. Schritt für Schritt entfernte ich mich vom Stadion. Über die Parkplätze, eine lange Zufahrtsstraße entlang. Ich ging zu Fuß, eine für mich ungewohnte Fortbewegungsart. Versuchte, nicht an all die möglichen Erklärungen dafür zu denken, warum Ürkis verschwunden war, ohne ein Wort zu sagen. Vielleicht war ich ihr schlicht egal. Fast nichts hatte sie erzählt. Über sich. Nur von aus einer Packung herausgefallenen Wattestäbchen.

Mitten in der Nacht erreichte ich den Hauptbahnhof. Zu Fuß gehend brauchte alles eine Ewigkeit. Ich wusste nicht mehr, wofür ich laufen sollte, also lief ich nicht, war ich die letzten Stunden nicht gelaufen. Sondern gegangen.

Ich stellte mir vor, in einen Zug einzusteigen, aus Festland hinauszufahren, unter einer Bank in einem Abteil zu liegen, dann unter einer anderen Bank in einem anderen Abteil, und so weiter, den Zug zu verlassen und auf eine Fähre umzusteigen, Tage und Nächte unterwegs zu sein, mich auf einer Fähre zu verstecken und so nach Eiland zu kommen, meine Trainerin wiederzusehen, am Strand zu stehen und die Zeit zu stoppen, in der sie um die roten Felsen schwamm.

Der letzte Zug war vor einer Viertelstunde abgefahren, die Schalter waren gesperrt, wenige Reisende saßen auf Holzbänken oder auf ihrem Gepäck. Die Nacht wurde immer länger.

ES war nicht klar, wer wen zuerst gesehen hatte. Miles Lan oder Lan Miles. Es war der Tag, an dem der Lauf in der Innenstadt hätte stattfinden sollen. Es war knapp vor elf Uhr vormittags. Lan war und war nach einer durchwachten Nacht in keinen Zug eingestiegen, weil zu viel los gewesen war, es keine Chance gegeben hatte, unbemerkt in ein Zugabteil unter eine Bank zu gelangen. Miles war vom Hotel zum Bahnhof gefahren, mit einem Bus. Er hatte kein Gespräch mit einem Taxifahrer oder einer Taxifahrerin riskieren wollen, in dem er womöglich überflüssige Fragen über sich hätte ergehen lassen müssen.

Er hatte vor sich selbst keine Erklärung dafür und schon gar nicht vor anderen, was ihn zum Bahnhof trieb.

Sie begrüßten einander nicht. Sie sahen einander nur an. Sie hatten keine Worte miteinander, keine gemeinsame Sprache.

Und Gewalt lag zwischen ihnen. Ein Griff zwischen die Beine und auf die Brust. Eine Sprungattacke. Vor vierzehn Tagen.

Miles zog einen Stift aus seiner Tasche und schrieb in Blau eine

4 vorn auf sein hellgrünes T-Shirt. Die Zahl war nicht gut zu sehen, weil er einen Kuli verwendete, aber sie war da. Er reichte den Kugelschreiber an Lan weiter. Lan zog eine blaue 9 auf den Stoff der Wickelbluse, ungefähr auf Bauchhöhe. Die 9 war ebenfalls nicht gut zu sehen, weil blau auf blau, aber sie war da.

Niemand nahm Notiz von den beiden, die unmittelbar vor dem Haupteingang des Bahnhofs standen und je eine schlecht lesbare Zahl auf Brust und Bauch trugen. Sie gingen ein Stück Richtung Straße, nahmen, ohne das ausgemacht zu haben, die Bordsteinkante vor dem Eingang als Startblock, stellten die Füße hoch, suchten sich mit den Fingern eine gute Position auf dem Asphalt, hoben fast synchron das Becken und drückten sich so gut wie gleichzeitig vom Boden ab. Menschen beim Einkaufsbummel, Geschäftsleute auf dem Weg von hier nach da, Schlendernde und Reisende auf dem Weg zu ihrem Zug schoben sich den beiden in die Bahnen, die keine Bahnen waren, aber unsichtbar den Weg markierten, den Miles und Lan nahmen. 100 Meter waren längst gelaufen, das Staatstheater blieb links liegen, aber kein Ziel in Sicht. 9 zu 4, 4 zu 9, Leute blieben stehen, machten verwischte Fotos, vielleicht erkannte manch eine_r Miles, der hier lief, inoffiziell, gegen eine Läuferin in Wickelbluse, Slalom durch Autoverkehr, Fahrräder und zu Fuß Gehende, undefinierte Distanz, ein abgekartetes Spiel, doch niemand kannte die Regeln, auch die beiden Laufenden selbst nicht. Sie wussten nur, dass nicht vorgesehen war, dass sie gemeinsam rannten, doppelt schnell, anstatt gegeneinander. Sie rasten durch die Innenstadt, ohne Kinder oder Erwachsene zu rempeln, eine einzige Einkaufstasche zu streifen oder jemand auszubremsen, sie rannten durch die ganze Stadt, sie hätten nicht gewusst, was tun, wenn sie nicht rannten, also rannten sie. Es fühlte sich berauschend an, sehr berauschend.

Großen Dank an

Theaterhausensemble Frankfurt am Main (besonders an Susanne Schyns, Uta Nawrath, Juliette Groß, Simone Fecher, Gordon Vajen), Zaglossus Verlag (Nicole Alecu de Flers und Katja Langmaier), Helga Hofbauer, Linda Nkechi Louis, Ezgi Erol, Katarina Streiff, Brigitte Axster, Christine Aebi, Johanna Schaffer, Vlatka Frkétić, Persson Perry Baumgartinger, Marion Victor, Paula Peretti, Karin Hirschmüller, Lisa Udl, Renée Winter, Eva Häfele, Efe Sandra Eguavone, planet10wien

für gemeinsames Denken und Kritik und Rückmeldung und queere Interventionen und für Ata, Atalanta und Atalanta Läuferin auf der Bühne, für das Buchcover, für geteilte aktivistische und andere Ideen und Gefühle, für das Miteinander-Suchen nach einem Schreiben zwischen den Sprachen, für das Frachtschifftagebuch und die Flaschenpost, für das Ringen um Uneindeutigkeit und Offenheiten, für die Erdung der Figuren im Hier und Jetzt, für den Ansporn, von einem Mythos aus zu starten, dafür, dass es den Zaglossus Verlag gibt, für alle (Titel-)Votings und Alltage und gemeinsamen Räume.